Slaveiko Gospodinov

Teoria dos sistemas complexos

Slaveiko Gospodinov

Teoria dos sistemas complexos

ScienciaScripts

Imprint
Any brand names and product names mentioned in this book are subject to trademark, brand or patent protection and are trademarks or registered trademarks of their respective holders. The use of brand names, product names, common names, trade names, product descriptions etc. even without a particular marking in this work is in no way to be construed to mean that such names may be regarded as unrestricted in respect of trademark and brand protection legislation and could thus be used by anyone.

Cover image: www.ingimage.com

This book is a translation from the original published under ISBN 978-620-6-17893-4.

Publisher:
Sciencia Scripts
is a trademark of
Dodo Books Indian Ocean Ltd. and OmniScriptum S.R.L publishing group

120 High Road, East Finchley, London, N2 9ED, United Kingdom
Str. Armeneasca 28/1, office 1, Chisinau MD-2012, Republic of Moldova, Europe
Printed at: see last page
ISBN: 978-620-6-59293-8

Conteúdo

Introdução

Considerando o mundo como um sistema complexo, devemos falar da natureza sistémica das suas propriedades e relações [1-3]. Estudar a teoria dos sistemas complexos significa estudar a abordagem dos sistemas e a análise dos sistemas. Uma definição trivial de um sistema complexo é a seguinte: "Um sistema complexo é frequentemente referido como uma totalidade que inclui muitas partes, elementos, recursos, ligações e relações que têm uma estrutura e formam uma coerência e unidade" [4-7]. [4-7]. Paradoxalmente, a "complexidade" não é mencionada nesta definição. O termo "conjunto de partes" é informacionalmente vago.

Quando se considera um sistema complexo, surgem estes problemas:
o problema da avaliação da complexidade enquanto conceito [8-10] ou nível de complexidade [11],
o problema da estimativa da complexidade do sistema [12-14],
o problema da seleção dos critérios com base nos quais se avalia a complexidade dos sistemas [15-17]. Este último problema é causado pelo facto de alguns tipos de complexidade mudarem, ao longo do tempo, os critérios de avaliação da complexidade, o complexo de há 30 anos já não é complexo hoje em dia.
Os sistemas complexos têm a propriedade emergente [18-20], que não é inerente às partes do sistema. Por vezes, é tratada como uma propriedade sinergética [21-23]
A utilização do conceito de "sistema complexo" ajuda a conhecer os processos da natureza e da sociedade. O conceito de sistema ajuda a utilizar as leis e regularidades identificadas para resolver problemas práticos e explicar o mundo que nos rodeia. A descrição do sistema permite comparar sistemas diferentes.
Existem diferentes tipos de sistemas complexos, entre os quais podemos distinguir: sistemas tecnológicos complexos [24], sistemas técnicos complexos [25, 26], sistemas de aplicação complexos [27], sistemas de computação complexos [28], sistemas de informação complexos [29], sistemas organizacionais complexos, sistemas de computação organizacionais complexos [30], sistemas complexos orientados para os problemas [31, 32], sistemas imersivos complexos [33], sistemas distribuídos complexos [34, 35], sistemas fiscais complexos [36] e sistemas técnicos organizacionais complexos [37-41]. Em todos os sistemas complexos, está presente a propriedade da natureza emergente.

1. Sistematicidade e complexidade
1.1. Aninhamento sistémico do mundo que nos rodeia

É necessário distinguir entre a abordagem de sistemas [42-46] e a análise de sistemas [47-49]. A abordagem sistémica inclui uma série de princípios e conceitos que permitem considerar objectos e processos numa perspetiva sistémica. A análise de sistemas serve de base a muitos tipos de análise. A teoria dos sistemas complexos é uma concentração dos princípios e disposições básicos da abordagem sistémica. Teoria dos sistemas [5052] A abordagem dos sistemas no estudo do mundo circundante permite falar do agrupamento sistémico de objectos e fenómenos do mundo circundante. Este agrupamento é mais claramente visível no exemplo dos espaços agrupados. Se considerarmos os sistemas, de acordo com a abordagem "de baixo para cima", podemos identificar sistemas, subsistemas, partes, elementos, entre os quais existem ligações e relações.

Um elemento é a mais pequena parte indivisível de um sistema. No entanto, o critério de divisibilidade deve ser especificado. Dependendo da escolha do critério, podem distinguir-se diferentes tipos de elementos. Por exemplo, um símbolo, uma palavra ou uma frase são tipos diferentes de elementos de texto, consoante o critério de divisibilidade. Um símbolo é a unidade estrutural mais pequena do texto que não tem significado. Uma palavra é a unidade mais pequena do texto que tem significado. Uma frase é a unidade mais pequena do texto que tem a propriedade de predicação.

Os elementos dos domínios e sistemas de informação podem ser identificados com unidades de informação. No que respeita à estrutura, distinguem-se unidades de informação compostas e simples. As unidades simples não incluem outras unidades na sua composição. As unidades de informação compostas incluem outras unidades de informação. As unidades de informação compostas são uma ilustração do agrupamento de sistemas.

Atualmente, as unidades de informação são um conjunto de grupos aplicados em diferentes direcções. Ainda não existe uma teoria geral das unidades de informação nem princípios gerais da sua construção e comparação. Todas as unidades de informação podem ser consideradas como elementos de um campo de informação. Comum a todas as IEs é o sinal de indivisibilidade de uma unidade de informação de acordo com algum critério. A caraterística comum é o facto de todas as unidades de informação serem um instrumento de visualização do mundo exterior e um instrumento de criação de uma imagem científica do mundo.

Se considerarmos sistemas aninhados, de acordo com outra abordagem bem conhecida na conceção "descendente", podemos distinguir: partes de subsistemas, sistemas e supersistemas (Fig.1.1). O mundo pode ser visto como um sistema de sistemas aninhados uns nos outros.

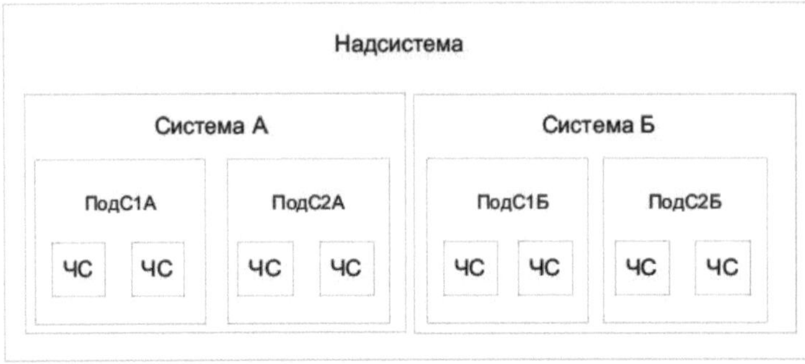

Figura 1.1 Agrupamento de sistemas.

Na Fig. 1.1, a designação convencional SubS - subsistemas, ES - parte do sistema. A tríade "supersistema-sistema-subsistema-subsistema" constitui a base da interconexão dos sistemas do mundo que nos rodeia. Este modelo de sistema mais simples inclui três componentes. A estrutura do sistema é o esquema de ligações entre partes e elementos do sistema. O lugar de um elemento do sistema na estrutura caracteriza a posição do elemento nesta estrutura. A complexidade do sistema está relacionada com o encaixe e a natureza emergente do sistema.

1.2. Tipos de complexidade

A complexidade como sistema é uma caraterística dos objectos, fenómenos, situações, tarefas e processos [57-60]. Nalguns casos, a complexidade pode ser considerada como um estado. A complexidade é um conceito oposto ao de simplicidade e complementaridade [61, 62]. A complexidade pode ser a razão da dificuldade ou impossibilidade de investigação. A complexidade pode ser a razão para o desenvolvimento de novos métodos para resolver novos problemas. Os grandes volumes de dados podem ser vistos como um exemplo de complexidade. A complexidade, enquanto fenómeno, é diversa e tem muitos tipos. Atualmente, não existe uma sistematização e análise suficientes dos tipos de complexidade, da resolução de problemas ou da análise dos resultados. A complexidade divide-se em complexidade de grupo [63], ou seja, complexidade de grupo, e complexidade individual.

O termo "complexidade" é um atributo associado a uma entidade. Isto dá origem a diferentes tipos de complexidade. Por exemplo, distinguimos os tipos de complexidade de acordo com a relação com o objeto: complexidade cognitiva, complexidade de sistema, complexidade descritiva, complexidade computacional, complexidade estrutural, complexidade processual, complexidade de interação, complexidade de modelização. A figura 1.2 mostra uma tipificação da complexidade cognitiva.

Complexidade cognitiva

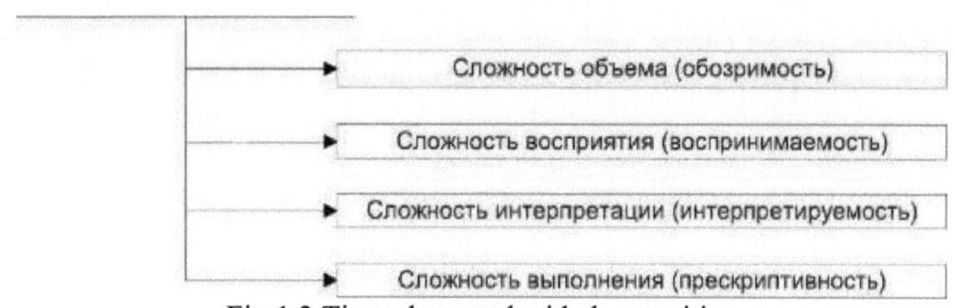

Fig.1.2 Tipos de complexidade cognitiva

A complexidade cognitiva [63, 64] manifesta-se na interação do homem com o homem e do homem com a natureza. Isto deve-se ao facto de que, ao contrário das tecnologias e sistemas de informação, uma pessoa não recolhe informação mecanicamente, mas efectua a sua receção [65, 66] ligando métodos associativos à informação recebida. A complexidade cognitiva manifesta-se claramente na construção e aplicação de modelos virtuais. A complexidade cognitiva é caraterística do diagnóstico médico [67]. Os estudos sobre os processos educativos justificam a introdução do conceito de complexidade cognitiva [68] na educação, como um tipo de complexidade causada por factores cognitivos.

A complexidade cognitiva surge na análise das categorias [69, 70], na extração e partilha de conhecimentos [71-74] e na análise das relações terminológicas [75].

A complexidade cognitiva é uma caraterística dos objectos, fenómenos e situações do mundo circundante que uma pessoa conhece. A avaliação subjectiva da complexidade cognitiva é dominante. Uma pessoa, no seu intelecto, define uma certa barreira ou fronteira que separa, na sua opinião, os modelos e processos simples dos complexos. Esta caraterística da complexidade, ao combinar o subjetivo e o objetivo, conduz ao conceito de complexidade cognitiva. A complexidade cognitiva é determinada pelo nível de inteligência natural e pelos métodos de que o sujeito dispõe.

A complexidade cognitiva é muito semelhante ao problema dos "grandes volumes de dados [76-78], que, por sua vez, também é cognitivo. O primeiro fator da complexidade cognitiva é a observabilidade. Se uma pessoa não for capaz de observar um fenómeno ou um processo no âmbito da sua inteligência, este é inobservável. Mas este fator depende da inteligência. Por exemplo, se um funcionário não consegue ver algo, considera-o complexo, mas para um cientista é simples. A mesma situação ocorre no jogo de xadrez. Um jogador principiante não consegue ver o que é simples para um jogador de xadrez profissional. Por conseguinte, este fator é condicional e está relacionado com a inteligência.

O fator seguinte é a percetibilidade. Uma pessoa pode observar mas não pode percecionar. Este fator está também relacionado com o nível de inteligência. A percetibilidade é seguida pelo fator interpretabilidade. Uma pessoa pode observar e percecionar, mas não pode explicar ou interpretar. Um exemplo da tábua de Ísis. Um tipo mais simples de complexidade é a prescritividade. Os modelos prescritivos são modelos que prescrevem determinadas acções a uma pessoa. Se uma pessoa não tiver experiência e competência, a prescritividade é uma complexidade para ela. Um automobilista principiante não pode fazer o que um condutor normal com experiência faz. Um condutor profissional não pode fazer o que um piloto profissional faz. Isto é complexidade prescritiva.

O segundo grupo de complexidade mais importante é a complexidade do sistema. Está relacionada com a teoria geral dos sistemas e a análise de sistemas (Fig.1.3). A complexidade sistémica é a complexidade que se deve às características sistémicas de um sistema complexo como realidade objetiva do mundo circundante.

Fig.1.3 Tipos de complexidade do sistema

Formalmente, a complexidade do sistema está relacionada com os sistemas complexos, que também são convencionalmente complexos. Até à data, discute-se: "o que é um sistema complexo, o que é um sistema simples? [79, 80] Mas, de um modo geral, está relacionada com a inteligência e a disponibilidade de métodos de análise. Ao contrário da complexidade cognitiva, a complexidade sistémica tem factores objectivos que são independentes do sujeito.

A complexidade de volume é um fator que está agora a ser discutido nos grandes volumes de dados. A complexidade estrutural é uma caraterística da complexidade que está presente não só em sistemas complexos, mas também na topologia, em grandes grafos, na computação, etc. A complexidade das ligações é ilustrada na teoria dos grafos. Os grafos planos são os mais simples. Seguem-se os grafos multidimensionais, depois os multigrafos e os grafos difusos. A diferença entre eles reside na forma de complexidade das ligações.

Em qualquer sistema complexo existem processos que podem ser simples e complexos. A teoria dos sistemas ignora este fator. Considera um sistema como uma construção de informação estática [80] sem referência a processos. De facto, os processos também criam complexidade e são caracterizados pela complexidade processual. A auto-organização de um sistema é uma caraterística da complexidade. Pode ser simples e complexa. A auto-organização de um sistema é uma caraterística da complexidade. Pode ser simples e complexa. A auto-organização é a base do desenvolvimento e da existência. A auto-organização tem o nível mais elevado de complexidade e, até à data, não foi descrita com exatidão.

O tipo de complexidade seguinte é a complexidade descritiva. A complexidade descritiva está relacionada com tentativas humanas inadequadas de descrever o mundo que nos rodeia [81, 82] com a ajuda de esquemas descritivos formais simples ou modelos descritivos.

Figura 1.4 Tipos de complexidade descritiva

A complexidade descritiva é atualmente reduzida através da modelização da informação [83]. A complexidade descritiva é designada por complexidade descritiva ou complexidade da informação. A complexidade da informação é reduzida através da aplicação da teoria da informação [84-87].

Qualquer descrição está ligada à linguagem. A imperfeição da linguagem formal cria dificuldades na descrição de fenómenos ou processos não simples. A complexidade do vocabulário deve-se à disponibilidade de um conjunto limitado de palavras e de uma sintaxe simples. A complexidade analítica deve-se à imperfeição da analítica na descrição de processos complexos. A mais interessante é a complexidade lógica. Também ela está relacionada com factores cognitivos e formais. A utilização da lógica binária para descrever a incerteza cria complexidade. Mas a lógica ternária que descreve a incerteza também é complexa. Em geral, porém, a complexidade lógica está relacionada com tentativas de descrever processos do mundo real numa lógica simplificada que não reflecte "situações não lógicas". Quanto maior for a "situação não-lógica", maior será a complexidade lógica, o que se deve à complexidade do formalismo na descrição das situações lógicas.

O problema da complexidade é mais bem investigado no domínio dos algoritmos computacionais, porque neste domínio é possível uma elevada formalização da estimativa da complexidade e a formalização de modelos relacionados com a complexidade. A figura 1.5 mostra os tipos de complexidade computacional.

Fig.1.5 Tipos de complexidade computacional

Para analisar esta complexidade, podemos utilizar os estudos da complexidade de Kolmogorov, bem como o desenvolvimento destas ideias na métrica de Halstead. A complexidade estrutural descreve a complexidade dos projectos computacionais antes de serem implementados como um programa real. A complexidade estrutural, nesta forma, é o que se obtém. Um programador criará uma estrutura, outro programador criará outra estrutura. A complexidade estrutural no domínio da computação é subjectiva. A complexidade processual deve-se à má compreensão do processo de computação por parte dos programadores, em particular o looping e o feedback ou o acoplamento parasitário. A complexidade temporal está relacionada com as tarefas de controlo. Requer restrições ou computação em intervalos de tempo específicos.

De acordo com a teoria da complexidade de Kolmogorov [88], uma sequência é considerada complexa quando não pode ser produzida por um programa cujo comprimento seja inferior ao comprimento da sequência mais uma constante não nula dependente do computador. Diz-se que uma sequência é complexa quando não existe ou não foi encontrado nenhum padrão de codificação. Esta é uma observação muito importante que mostra o carácter convencional do conceito de complexidade. Uma sequência é considerada simples quando pode ser produzida por um programa cujo comprimento é inferior ao comprimento da sequência mais uma constante não nula dependente do computador. Diz-se que uma sequência é simples quando se encontra e existe um padrão de codificação. Estas definições são normalizadas e objectivas.

Outro grupo de complexidade está relacionado com a complexidade da interação e, em particular, da interação de informações. Para a interação, as relações e as conexões são factores importantes [89]. A eficácia da interação é determinada pela correspondência das informações [90]. A complexidade temporal deve-se à limitação do tempo de execução da interação. Se a interação durar muito tempo, não tem utilidade para ninguém e tem um efeito nulo.

Complexidade das interacções

Fig.1.6 Tipos de complexidade das interacções

A interação depende das relações, das ligações e da correspondência entre dois objectos em interação. Num domínio de informação, trata-se de uma correspondência de informação. A complexidade temporal é a complexidade devida ao constrangimento da interação. Os tipos de complexidade de grupo incluem a complexidade de modelação (Figura 1.7). Na modelação, alguns tipos de complexidade repetem-se, mas têm a sua própria especificidade. A complexidade estrutural [91] está relacionada não só com a estrutura do modelo, mas também com o grau de correspondência entre a estrutura do modelo e a estrutura do objeto modelado.

A complexidade processual [92-94] do modelo está relacionada com a complexidade dos processos aplicados na modelação e na utilização do modelo. A complexidade analítica está relacionada com a descrição analítica do modelo. Deve-se ao facto de o modelo ser uma descrição simplificada do objeto de modelização. Por conseguinte, para um modelo, a complexidade analítica está relacionada com a adequação do modelo ao objeto de modelização.

Fig.1.7 Tipos de complexidade de modelação

A complexidade adaptativa está relacionada com a necessidade de alterar o modelo quando surgem novas condições de utilização ou novas condições de funcionamento do objeto de modelização. Esta complexidade refere-se à adaptabilidade do modelo às condições ou às alterações do objeto e do seu comportamento.

Há muitos factores que contribuem para a complexidade. Mas os tipos de complexidade também são muitos. Por isso, é necessário analisar as condições de complexidade e as condições que determinam o tipo de complexidade. Em geral, estas condições são um conjunto de parâmetros. Muitas vezes, o conjunto de parâmetros que definem a complexidade estão relacionados e não podem ser considerados independentemente uns dos outros. Um tal conjunto de parâmetros define uma situação informacional, mas a teoria dos sistemas e a teoria da complexidade têm até agora negligenciado este modelo. A complexidade é um conceito que tem sido debatido até à data. A complexidade, semelhante no nome, difere consoante o grupo a que pertence. Por exemplo, a complexidade estrutural de um sistema, de um modelo cognitivo ou de um modelo de objeto é diferente da complexidade estrutural de um processo ou de uma descrição. A complexidade é um conceito relativo e, à medida que a ciência e a inteligência artificial e natural se desenvolvem, a complexidade diminui. No entanto, podem surgir novos tipos de complexidade.

1.3. A complementaridade como oposto da complexidade

A complementaridade e a correspondência de informação são relações. São separadamente e em conjunto opostas ao conceito de complexidade. Quanto maior for a complementaridade das partes do sistema, menor será a sua complexidade, e vice-versa. A complementaridade tem muitos tipos de relações, o que se reflecte na sua interpretação: concordância, complementaridade, reciprocidade, A correspondência de informação é mais frequentemente expressa pela relação de equivalência [95], mas também tem variedades [96]: correspondência por parâmetros, por processos, por recursos, por modelos por métodos, etc. Ambas as relações pertencem às relações de informação e são frequentemente encontradas no domínio da informação. O conceito de complementaridade é interpretado de várias maneiras, o que se deve aos diferentes tipos de complementaridade expressos por diferentes relações. [97] contém 20 definições que, na sua maioria, representam interpretações próximas relacionadas com os termos: "complementaridade" (20), complementaridade (3), contiguidade (1), complementaridade (2).

Em contraste com esta interpretação simplificada, os dicionários estrangeiros dão uma interpretação alargada deste conceito, que inclui vários termos. Para além do termo principal, é dada uma extensão do conceito sob a forma de várias frases. Por exemplo, o Dicionário Oxford [98] dá a seguinte interpretação: uma atitude ou *situação de* complementaridade em que duas ou mais coisas diferentes melhoram ou realçam as qualidades uma da outra. O Mernam-Webster [99] dá a seguinte explicação. 1. uma *qualidade ou estado de complementaridade.* 2: a *relação complementar das teorias* que explicam a natureza da luz ou de outras radiações quantificadas, tanto em termos de ondas electromagnéticas como de partículas.

O Business English Dictionary refere que o princípio da complementaridade™ como princípio da adicionalidade em física significa que os objectos têm propriedades adicionais que não podem ser medidas simultaneamente. Isto estabelece uma ligação entre a complementaridade™ e o emergentismo [100], embora a complementaridade nem sempre crie emergentismo. De um modo geral, há que referir uma propriedade mediadora importante que a complementaridade cria. Ela cria coerência, ordenação, sistematicidade e reciprocidade e é uma caraterística oposta ao caos e à incerteza.

Esta propriedade leva à aplicação da complementaridade na otimização [101] como uma ferramenta de otimização. O conceito e a avaliação da complementaridade são aplicados na educação, na biologia [102], na medicina [103] e na química. A abordagem complementar é utilizada na avaliação dos mercados [104] e nas actividades de investimento. Raramente é utilizada no domínio das tecnologias da informação. Este facto justifica a investigação deste conceito em relação às relações de informação, incluindo a conformidade da informação

A correspondência de informação como uma tradução.

A correspondência de informações pode ser comparada à tradução (transdução). Tanto mais que a tradução significa analogia. A diferença é que a tradução significa inferência, enquanto a correspondência de informação significa relação. A tradução (do latim traductio - movimento) é um tipo de inferência mediada em que as premissas e a conclusão são juízos com o mesmo grau de generalidade. Uma analogia é uma inferência tradutiva. De acordo com a natureza das premissas e da conclusão, a tradução pode ser de três tipos (Fig. 1.8). A tradução tem três tipos [105]: conclusão de singular para singular, conclusão de particular para particular, conclusão de geral para geral.

Fig.1.8: Relação entre dedução, indução e tradução

Na Figura 1.8, episteme significa conhecimento verdadeiro, doxa significa conhecimento plausível. Para a dedução, quando a episteme é o input, a episteme é o output. Para a indução, abdução e tradução, quando a episteme é introduzida, a doxa é produzida. A transdução foi introduzida por Vladimir Vapnik na década de 1990 para resolver problemas de aprendizagem automática. A sua introdução foi motivada pelo facto de, na sua opinião, a transdução ser preferível à indução, porque a indução requer a resolução de um problema mais geral (inferência de funções) para resolver um problema mais específico (calcular resultados para novos casos). A sua opinião é que, para resolver o problema de interesse, não é necessário resolver o problema mais geral como passo intermédio. A tradução resolve o problema particular. A Figura 1.9 mostra a correspondência de informação como um análogo da tradução.

Fig.1.9. Tipos de conformidade da informação.

Na Fig.1.9, os tipos de correspondência de informação são os seguintes:

1) correspondência de informação sobre a semelhança de dois objectos por uma caraterística (correspondência 1);

2) correspondência de informações sobre a semelhança de dois objectos através de um certo número de características (correspondência 2);

3) correspondência de informação sobre a semelhança dos objectos por todas as características (correspondência 3);

A complementaridade como um estado.

Existem diferentes modelos matemáticos de complementaridade. O sistema complementar geral [106, 107] tem a forma de duas equações (1) (2) e duas condições (3), (4).

$$\frac{dx}{dt}(t) = f(x(t),u(t)) \quad (1)$$

$$y(t) = h(x(t),u(t)) \quad (2)$$

Nas expressões (1), (2) $x(t)$ é uma variável de estado *n-dimensional*, $u(t) \in R^k$ - vetor de entrada, um $y(t) \in R^k$ - vetor de saída. A expressão (1) significa que a mudança de estado é determinada pela sobreposição do estado atual e do vetor de entrada. A expressão (2) significa que o vetor de saída é determinado por outra sobreposição do estado atual e do vetor de entrada. Às descrições (1), (2) devemos acrescentar a condição da relação de complementaridade padrão, que se assemelha a um produto escalar de

$$\langle u|y\rangle = 0 \quad (3)$$

Em

$$0 \leq y(t) \wedge u(t) \geq 0 = 1. \quad (4)$$

A expressão (3) designa o produto escalar entre os vectores de entrada e de saída. A expressão (4) significa conjunção e define os vectores como quantidades definidas positivamente. Implícita na relação acima descrita está a escolha de um "conjunto de índices activos" [62] $\alpha(t) \subset \{1, ..., \kappa\}$, que é tal que $y_i(t) = 0$ para $i \in \alpha(t)$

e $u_i(t). = 0$, para $i \notin \alpha$ (t). Diz-se que um tal conjunto de índices representa um modo fixo.

No modo fixo, o sistema comporta-se como um sistema dinâmico descrito pela equação diferencial (1) e pela equação algébrica (2), juntamente com as equações (3) (4), que decorrem da escolha do índice ativo. A "mudança de regime" ocorre quando a continuação num dado regime viola as restrições de não negatividade associadas a esse regime. Exemplos de questões que surgem no âmbito do pensamento "multi-modo" são os seguintes.

1) se existe uma solução única em cada regime;

2) quando deve ocorrer uma mudança de regime, se é sempre possível mudar para um novo regime que tenha o estado atual como ponto de partida e que permita uma evolução válida durante um certo intervalo de tempo;

3) Se a resposta à pergunta anterior for negativa, é possível formular uma regra de transição adequada para a variável de estado

Os sistemas descritos pelas expressões (1-4) são designados por complementares. De particular interesse é a situação em que as equações (1) e (2) são reduzidas à forma linear.

$$\frac{dx}{dt}(t) = Ax(t) + Bu(t)) \quad (5)$$

$$y(t) = C(x(t) + D\,u(t) \quad (6)$$

Nas expressões (5) e (6), A, B, C e D são mapeamentos lineares.
Adicionalmente, as mesmas condições (3), (4) ocorrem

$$<u|y> = 0 \quad (3)$$

$$(0 \leq y\,(t)) \wedge (u\,(t) \geq 0) = 0. \quad (4)$$

O sistema das expressões (5), (6), (3), (4) é designado por sistema complementar linear [107]. As equações (1) e (2) podem ser traduzidas numa forma equivalente.

$$\frac{dx}{dt}(t) = f(x(t), u(t), v(t)) \quad (7)$$

$$y(t) = h(x(t), u(t), v(t)) \quad (8)$$

Nas expressões (7) e (8), $v(t)$ denota um termo auxiliar que não altera as equações (1) e (2). No sistema de complementaridade linear, o termo auxiliar também entra linearmente, de modo que o sistema (5-6) é substituído por

$$\frac{dx}{dt}(t) = Ax(t) + Bu(t) + Ev(t) \quad (9)$$

$$y(t) = C(x(t) + D\,u(t) + Fv(t) \quad (10)$$

Nas expressões (9) e (10), A, B, C, D, E e F são mapeamentos lineares.
Obtém-se uma generalização útil de (1) quando a relação de complementaridade (3,

4) é substituída pela relação

$$(y\,(t)\in G) \wedge (u\,(t)\in G^*)=0 \quad (11)$$

em que G é um cone em Rk , e G* é um cone duplo definido como

$G^* = \{u \mid <y, u>\geq 0$ para todo $y \in C\}$. Em particular, este formato permite-nos incluir restrições de igualdade e desigualdade. Como extensão desta ideia, Pan e Stewart [64] propuseram a noção de desigualdade variacional diferencial (DVI) baseada em condições da seguinte forma

$$\frac{dx}{dt}(t) = f(x(t), u(t)) \quad (12)$$

$$u(t) \in SOL(K, F(x(t),) \quad (13)$$

Na expressão (13) *SOL (K, F)* é a solução da desigualdade variacional

$$[u\text{'}-u, F(u)] \geq 0, \, u\text{'} \in K$$

em que K é um conjunto convexo fechado não vazio. Se, em particular, K for um cone convexo, então DVI torna-se um sistema de complementaridade de cones/ **Correspondência de informação e complementaridade como relação.** A complementaridade está relacionada com o conceito de correspondência de informação, mas são entidades diferentes. Utilizando a descrição do sistema [50, 51], podemos descrever formalmente qualquer objeto como um sistema (SYS) com a atribuição dos principais indicadores. Aplicada à tarefa de estudar a complementaridade e a correspondência de informação, obtém-se a seguinte descrição.

$$SYS= <F,\, Str,\, E,\, C,\, G,\, int,\, out,\, Seq,\, D> \quad (14)$$

Os seguintes parâmetros básicos são introduzidos na expressão (14): *F* - conjunto de funções do sistema; *Str* - estrutura do sistema; *E* - conjunto de elementos do sistema; *C* - conjunto de ligações; *G - conjunto de* objectivos; *int/out* - conjunto de entradas-saídas do sistema; *Seq* - sequência de acções do sistema; *D* - tipos de dados utilizados pelo sistema. A presença de entradas e saídas do sistema liga o sistema ao ambiente externo e permite modelar a interação informacional e física do sistema com o ambiente. Na expressão (14), podemos identificar os atributos do sistema: estruturalidade *(Str)*, funcionalidade *(F)*, conetividade *(C) e* determinação de objectivos *(G)*.

A complementaridade pode denotar consistência em alguns indicadores em relação à tarefa a resolver. A complementaridade entre sistemas pode ser por função, por objetivo, por entradas-saídas, por conteúdo semântico, por sequência de acções, por dados.

A correspondência de informações entre sistemas pode ser feita por estrutura [109], por conteúdo semântico, por descrição formal, por sequência de acções e por dados.

O parâmetro F define a complementaridade, que inclui três tipos de complementaridade: *conformidade funcional (CF), complemento funcional, coerência* funcional.

No caso dos sistemas de tratamento da informação, pode haver complementaridade nos dados primários e secundários [110, 111]. Se houver um sistema *A com um* conjunto de dados *DA* e um sistema *B com um* conjunto de dados *DB,* então a complementaridade de dados significa

$$DA \subset DB \text{ или } DA \supset DB \ (15)$$

A expressão (2) mostra que os dados de um sistema podem ser utilizados noutro sistema, mas não vice-versa. A correspondência de informações sobre os dados significa que $DA = DB,$ ou seja, a permutabilidade total dos dados.

Existem diferentes tipos de complementaridade e correspondência, que podem ser expressos por diferentes relações. Por exemplo, semelhança significa complementaridade, igualdade significa correspondência. A medição do perímetro de uma área pode ser efectuada de diferentes formas, mas haverá uma correspondência informativa entre os resultados. A área de um triângulo pode ser calculada a partir dos comprimentos dos seus lados ou a partir da sua altura e base. Haverá complementaridade de objectivos entre os métodos de cálculo da área de um triângulo e haverá correspondência informativa entre os resultados do cálculo. Para as operações de comutatividade

$$(a+b)=(b+a) \ \forall a,b \in A$$

e associatividade

$$(a+b)+c=a +(b+c) \ \forall a,b \in A$$

existe uma correspondência de informação Para operações de distributividade

$$x f(a+b)=x f(b)+x f(c) \ \forall a,b \in A$$

$$P_1 = x f(a+b), \ P_2 = x f(a)+x f(b), \ Q = f(a+b)$$

Existe uma correspondência de informação entre $P1, \ P_2$ e existe uma complementaridade entre $Q \ e \ P1$

A correspondência e a complementaridade da informação estão próximas da noção de relação, uma vez que esta caracteriza a relação entre as entidades A e B. Por conseguinte, podem ser utilizadas relações para descrever estes conceitos. A correspondência de informação e pode exprimir uma relação de equivalência entre parâmetros de processos, modelos ou sistemas A relação de pertença é uma condição mais ampla e reflecte a complementaridade

A correspondência e a complementaridade da informação como situações. A correspondência de informação e a complementaridade podem referir-se a situações de informação. Também pode haver uma condição de complementaridade ou de correspondência dc informação para as situações de informação e os seus componentes. Uma situação de informação [112-114] pode ser considerada como um sistema heterogéneo com ligações fortes e fracas. Tem um núcleo sob a forma do principal objeto de investigação ou de gestão. As ligações fortes existem dentro do objeto, as ligações fracas existem entre o objeto e os parâmetros da situação como ambiente externo, que pode incluir outros objectos (auxiliares).

A correspondência e a complementaridade das informações não existem por si só. Estão sempre relacionadas com os parâmetros de um sistema ou objeto, pelo que são sempre consideradas entre um par ou entre um grande número de entidades. A correspondência de informação e a complementaridade estão próximas da noção de estado, porque caracterizam o estado em que se encontram as entidades A e B. A correspondência de informação enquanto estado caracteriza a situação em que um determinado estado das entidades pertence ao domínio dos estados admissíveis ou pertence ao domínio dos estados não admissíveis. Neste caso, podemos falar de complementaridade por estado ou de um estado complementar.

É possível introduzir a noção de correspondência de informação como relacionada com a noção de complementaridade. A definição que se segue pode ser-lhe dada. Uma correspondência de informação entre os parâmetros de conjuntos ou sistemas é uma relação de equivalência entre eles ou uma relação de equivalência entre os seus parâmetros.

A correspondência de informação cria a possibilidade de avaliar qualitativamente a possibilidade de resolver problemas sem ter de os resolver. Por exemplo, o problema de resolução chama-se o problema: existe um algoritmo que nos permita descobrir, para uma fórmula lógica arbitrária, num número finito de passos, se ela é identicamente verdadeira (ou identicamente falsa)? Existe um critério para a verdade de identidade de uma fórmula, que consiste no facto de que, para que uma fórmula da álgebra das afirmações seja verdadeira de identidade, é necessário e suficiente que todas as disjunções elementares na sua CNF equivalente sejam verdadeiras de identidade. Este é um exemplo de correspondência de informação.

Complementar à noção de correspondência de informação é a noção de simetria de informação. Os sinónimos reflectem frequentemente a complementaridade. A noção de "simetria de informação", enquanto relação, caracteriza a relação de equivalência e é um caso especial de correspondência de informação. A correspondência de informação e a complementaridade podem ocorrer em relações de informação. Vejamos exemplos de relações de informação em diferentes situações de informação. Consideremos a situação de interação de objectos. Seja $IROi,j$ a relação entre o i-ésimo e o j-ésimo objectos da situação. Caracteriza-se pelas seguintes variantes de situações

$$Oi\,(P) \rightarrow Oj\,(P). \ (16)$$

A expressão (16) significa que o objeto Oi tem uma vantagem informativa sobre o objeto Oj através de uma caraterística, fator ou parâmetro P. A situação oposta é descrita pela expressão (17)

$$Oj(Q) \rightarrow Oi(Q). \ (17)$$

A expressão (17) significa que o objeto Oj tem uma vantagem informativa sobre o objeto Oi através de uma caraterística, fator ou parâmetro Q. É de notar que as situações (16) e (17) não são mutuamente exclusivas. Podem existir simultaneamente, ou pode existir uma delas. As situações (16) e (17) descrevem a assimetria de informação. A situação de correspondência de informação é descrita pela expressão (18).

$$Oi(h,d,u) \leftrightarrow Oj(h,d,u) \quad (18)$$

A expressão (18) significa que o objeto Oi está em correspondência informacional com o objeto Oj por características, factores ou parâmetros *(h.d.it)*. A situação de complementaridade™ é descrita pela expressão (19).

$$Q_A \subset Q_B \quad (19)$$

A expressão (19) significa que os parâmetros do objeto B - Q_B são complementares aos parâmetros do objeto A - Q_A . Isto justifica a utilização de parâmetros complementares do objeto B para resolver problemas com a ajuda do objeto A ou a utilização funcional do objeto A

A situação de complementaridade™ como complemento é descrita pela expressão (20).

$$F_A + F_B = F_C \rightarrow G_C \quad (20)$$

A expressão (10) significa que as capacidades funcionais do objeto B - F_B juntamente com as capacidades funcionais do objeto A - F_B são complementares e que esta complementaridade corresponde às capacidades funcionais do objeto C - F_C. Isto dá uma razão para utilizar as capacidades funcionais dos objectos $B\ A$ para atingir o objetivo G_C, deixado à frente do objeto C.

A correspondência e a complementaridade da informação são factores importantes que podem existir nos processos de informação. As expressões (1-20) permitem estimar a correspondência ou a complementaridade da informação. A aplicação dos indicadores de complementaridade e de correspondência da informação tornará os processos de tratamento e de interação da informação mais fáceis de gerir. A aplicação deste indicador aumentará a eficácia dos processos de informação. Do que precede resulta que, após a construção de qualquer modelo do sistema, é necessário avaliá-lo com base em indicadores de correspondência e complementaridade da informação, o que aumentará a sua fiabilidade e qualidade. A correspondência e a complementaridade da informação reduzem a complexidade.

1.4. Natureza emergente dos sistemas complexos

O emergentismo é interpretado de forma diferente nas direcções científicas em que este conceito é aplicado [100, 115-117]. O conceito de emergência é aplicado na sinergética, na teoria dos sistemas, na filosofia, na teoria da informação, na química e na biologia. Por exemplo, uma das interpretações descreve a natureza emergente como o fenómeno de emergência de grandes objectos (processos, fenómenos) com base na interação entre objectos mais pequenos ou mais simples, em que os grandes objectos têm propriedades que os objectos mais pequenos que os formam não possuem. A emergência, por norma, está presente em sistemas complexos [118] e sociais [117].

O fenómeno da vida é um exemplo vivo de emergentismo. As teorias que generalizam as propriedades emergentes são designadas por emergentismo [100, 119],

120]   . Quase todas as descrições e modelos de emergentismo incluem formas de irredutibilidade lógica de estados e propriedades a níveis lineares inferiores. Duas qualidades do emergentismo devem ser notadas: a não linearidade na descrição analítica e o trinitarianismo [121] na descrição estrutural.

A propriedade de emergir já tinha sido registada por Aristóteles ao descrever o conceito de "essência". O termo "emergente" foi introduzido pelo filósofo G. H. Lewes. Jeffrey Goldstein [115] descreve emergente como "a emergência de novas estruturas, padrões e propriedades no processo de auto-organização em sistemas complexos". No entanto, uma análise cuidadosa dá-nos razões para considerar a sua visão do emergentismo como uma construção de informação. O'Connor analisa o emergentismo como um termo de arte filosófico bem conhecido [119]. No seu trabalho, analisa duas abordagens: emergentismo como irredutibilidade™ e emergentismo como fusão e não-linearidade. O conceito de emergentismo está a desenvolver-se e a estender-se a novos domínios. O estudo da emergência no domínio da informação é atual [122].

A emergencialidade do sistema e a emergencialidade da informação são interdependentes para os sistemas de informação e para os sistemas que incluem sistemas de informação [123]. Ao mesmo tempo, a emergencialidade do sistema pode surgir independentemente da informação do sistema [124, 125]. É necessário distinguir diferentes tipos de emergencialidade: emergencialidade do sistema, propriedades emergentes e emergencialidade da informação. Um sistema técnico complexo ou um sistema vivo possui emergencialidade sem ter em conta a informação emergente. Em [50], um sistema emergente (*ES)* é descrito utilizando a expressão

$$ES(t) = <Ps, Str, E, C(t), R(t), G(t), int, out, \Delta T, SI[E, C(t), R(t), t] >, (20)$$

Na expressão (20) *Pr é* a totalidade das partes do sistema. *Str* - a estrutura do sistema. *E - conjunto* de elementos do sistema; *C - conjunto de* ligações do sistema. *R - conjunto de* relações entre elementos, partes e subsistemas, *G - conjunto de* objectivos do sistema, *int - conjunto de* entradas do sistema, *out - conjunto de* saídas do sistema. Na expressão (20), *SI é a* informação do sistema [20] ou as propriedades emergentes.

Um sistema pode ser formado por várias entidades, incluindo construções de informação ou modelos de dados. Ao mesmo tempo, as construções de informação e os sistemas de dados podem ter a propriedade da sistematicidade (raramente) ou não (frequentemente). Um constructo de informação como sistema pode ser um sistema complexo. Um constructo de informação enquanto sistema pode formar um sistema, que também é designado por sistema de informação. Um sistema de informação pode referir-se a um sistema de processamento de informação, um sistema de armazenamento de informação, um sistema de modelos, um sistema de regras de processamento de informação e um sistema de dados ligados. A construção da informação é comum a todos os objectos acima referidos.

O sistema de informação de um conjunto de dados tem uma qualidade diferente do sistema de informação do tratamento da informação. O sistema de informação concebido para o tratamento da informação é um sistema tecnológico com a inclusão de um fator organizacional.

É possível definir o conceito de informação emergente. A informação emergente é uma propriedade de uma construção de informação integral ou de um conjunto de modelos, que consiste na emergência de propriedades que desaparecem quando este conjunto é dividido em partes. O carácter emergente de uma construção de informação cria um efeito que não é inerente às partes desta totalidade. É importante considerar que o carácter emergente da informação só pode surgir numa construção de informação que tenha as propriedades de integridade e completude. O sinal de emergencialidade é a violação da aditividade ou da condição de transitividade [126].

Um constructo de informação, que tem a propriedade emergente, pode ser interpretado como um constructo descritivo ou prescritivo (processual) [127, 128]. No primeiro caso, representa informação, no segundo caso, representa um conjunto de regras. Assim, podem distinguir-se dois construtos de informação emergente qualitativamente diferentes. Um constructo de informação descritiva pode referir-se a um sistema informacional, cognitivo e intelectual. Um constructo de informação prescritivo refere-se a um sistema ativo, que pode ser cognitivo ou intelectual. Neste caso, chamamos sistema inteligente a um sistema ou sistema humano generalizado. O sistema cognitivo é uma simbiose entre o homem e a máquina.

A informação emergente inclui informação semântica. Em primeiro lugar, é a informação semântica do ambiente que, sob certas condições, altera a semântica do objeto do ambiente [129] e cria informação emergente.

O conceito de informação emergente refere-se a uma série de modelos de informação. A construção de informação emergente inclui uma série de soluções científicas que surgem na investigação da dissertação. É a solução científica, e não a novidade como caraterística, que é a caraterística emergente de uma dissertação. A novidade é simplesmente uma caraterística distintiva de uma entidade. Uma solução científica é uma solução nova que inclui os atributos de novidade, utilidade e caraterística emergente. Uma solução científica para um problema é uma solução nova que produz resultados que não são obtidos por outros métodos. No entanto, na prática, a avaliação da cientificidade e da novidade é efectuada por especialistas que podem influenciar a novidade do trabalho. A informação emergente e a propriedade emergente podem ser criadas através da metamodelação [130-133].

Em alguns casos, a metamodelação cria um salto sinergético.

A informação emergente, enquanto construção de informação, pode ter diferentes formas de representação. Pode ser um ficheiro, um modelo ou um conjunto de modelos relacionados. A informação emergente pode assumir a forma de um gráfico cognitivo. Finalmente, a informação emergente pode ser organizada como um modelo de dados com propriedades sistémicas. Por exemplo, um modelo de informação integrada [134] ou uma informação adequada à gestão integrada [135]. Um exemplo de informação emergente é um mapa cognitivo. A informação emergente surge durante a resolução criativa de problemas [136]. A informação emergente forma-se nos aprendentes após um ciclo de aprendizagem.

A informação emergente como um todo pode ser considerada como a informação que permite obter uma nova qualidade ou que faz a transição de um estado de qualidade para outro. Por exemplo, a informação que transforma um estado de assimetria de informação [137, 138] num estado de simetria de informação [139] é emergente.

O emergentismo aparece na análise causal [140]. Em particular, no diagnóstico médico [141]. Em particular, a gestalt pode ser vista como uma manifestação de propriedades emergentes.

A informação que permite relacionar causas e efeitos de um fenómeno é emergente. A informação que permite fazer uma descoberta é emergente.

O emergentismo surge quando a informação é interpretada, nomeadamente quando a propriedade de "interpretabilidade" aparece [142-147]. A informação que permite a interpretação de um fenómeno é emergente. Existe um termo interpretação emergente, que é usado na teoria do interpretivismo [148]. O interpretivismo é a possibilidade de interpretação, que surge como efeito do emergentismo. O próprio facto da emergência do interpretativismo é emergentismo. Em [148], a emergência do interpretativismo é explorada através da identificação de uma rede de investigadores de SI que trabalham na tradição interpretativista, do exame do papel das revistas de SI tradicionais e alternativas e da análise da retórica utilizada para apoiar as afirmações interpretativistas. O artigo contribui para a análise do desenvolvimento do campo da SI como um todo e fornece algumas perspectivas conceptuais sobre a teoria emergentista.

Existe um termo análise emergente [117]. Neste trabalho, o emergentismo está associado à sustentabilidade dos sistemas socio-ecológicos. A abordagem da sustentabilidade utiliza factores relacionados com a sinergia e o emergentismo: dinâmica não linear, limiares, incerteza e auto-organização. É demonstrado que os períodos de mudança gradual nos sistemas interagem com períodos de mudança rápida. Esta dinâmica existe em escalas temporais e espaciais e pode criar um efeito emergente.

Simultaneamente, salientam não só a emergência existente, mas também a possível emergência do resultado da investigação. Por exemplo, em [117] está associada à possibilidade de integrar o aspeto social nas avaliações tecnológicas. Os trabalhos nesta direção incluem a compreensão de processos sociais como a aprendizagem social e a memória social, modelos mentais e integração de sistemas de conhecimento, visão e construção de cenários, liderança, agentes e grupos de actores, redes sociais, inércia e mudança institucional e organizacional, capacidade adaptativa, transformabilidade e sistemas de gestão adaptativa que permitem a gestão dos serviços básicos dos ecossistemas. Este conjunto de informação, quando combinado num modelo integrado, criará um efeito emergente e pode ser considerado como informação emergente ou informação sistémica [20].

O estudo dos sistemas complexos emergentes está a dar os primeiros passos. Os sistemas emergentes têm diferentes formas e manifestam-se de forma diferente em diferentes sistemas complexos. Os sistemas emergentes estão associados ao auto-desenvolvimento dos sistemas e manifestam-se como não-linearidade. Na análise qualitativa, a emergência da emergência é o aparecimento de uma nova qualidade. Do ponto de vista da lógica, o emergentismo aparece frequentemente como um ilogismo. Do ponto de vista da análise causal, a emergência actua como um fator de violação das relações de causa e efeito no sentido de uma maior consequência. Tudo isto constitui a base para a realização de investigação neste domínio.

1.5. Análise estrutural de sistemas

A análise estrutural faz parte da análise de sistemas. Não inclui a análise funcional, não inclui a análise estrutural semântica e não inclui a análise latente e as equações de modelação estrutural. A análise estrutural visa investigar qualquer fenómeno ou objeto como um objeto complexo, estudando ou formando a sua estrutura.

A estrutura reflecte a ordenação estável do sistema, embora atualmente tenham sido identificados e estudados sistemas com estrutura variável. Na perspetiva da análise clássica dos sistemas, que não considerava as estruturas variáveis, a estrutura de um sistema era definida como um conjunto de ligações e relações estáveis invariantes a mudanças e transformações bem definidas do sistema. Se acrescentarmos a esta definição a expressão "num determinado momento", esta definição incluirá os sistemas com estrutura variável.

Os sistemas com estrutura variável têm, em qualquer momento, um conjunto de ligações estáveis, mas noutro momento algumas das ligações podem desaparecer e podem surgir novas. Na análise espacial, tais processos ocorrem na cristalografia e durante o lançamento de naves espaciais em processos sinergéticos, etc.

Existem duas direcções de análise estrutural: o estudo da estrutura existente e a formação da estrutura do objeto, se esta for desconhecida. Em todos os casos, a modelação estrutural é utilizada para analisar a estrutura ou para a construir (Fig. 1.10).

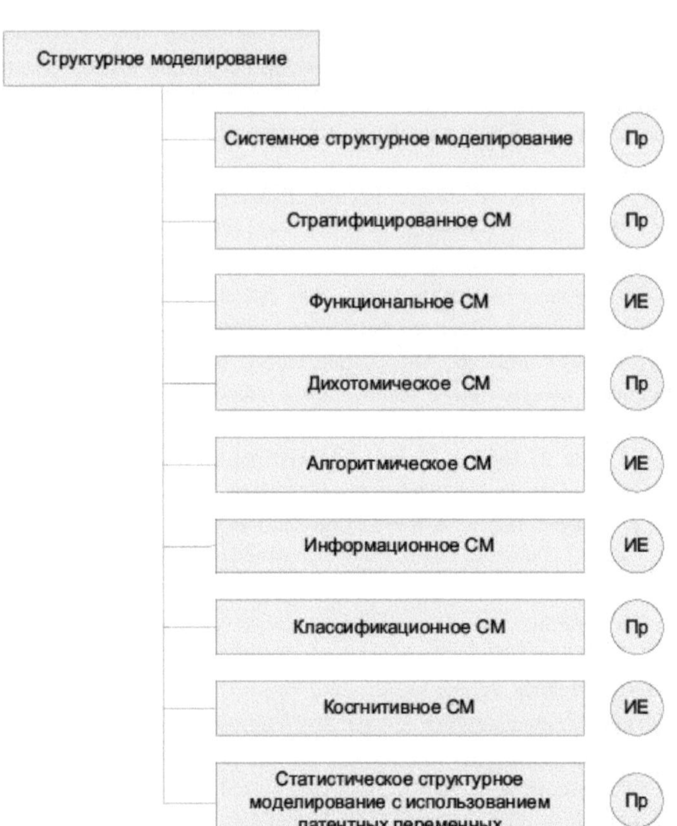

Fig.1.10. Sistemática da modelação estrutural.

A análise estrutural dos sistemas, na primeira fase, é qualitativa e identifica as partes qualitativamente homogéneas ou heterogéneas que, em conjunto, formam a estrutura. Na segunda fase, revela a hierarquia das relações e ligações. As relações identificadas fornecem a base para a construção da estrutura. A terceira fase aplica, na medida do possível, uma análise quantitativa. Grande parte desta análise consiste em investigar a estabilidade da estrutura identificada.

Atualmente, o termo modelação estrutural é amplamente utilizado em diferentes direcções. Isto deve-se ao facto de o objeto dessa modelação poder ser uma vasta gama de objectos espaciais, técnicos, organizacionais e sociais. Este termo designa a modelação funcional e de sistemas associada à criação de novos sistemas. Em alguns casos, este termo designa a análise estrutural associada a análises no domínio da psicologia e da sociologia. A modelação estrutural está associada à modelação de objectos. A modelação estrutural é utilizada em linguística para analisar as construções linguísticas. A modelação estrutural está associada à análise latente. Em psicologia e sociologia, a modelação estrutural está associada a métodos de construção da estrutura de variáveis implícitas com base em recolhas empíricas iniciais. As direcções enumeradas estão associadas quer à abordagem axiomática quer à abordagem empírica. Não existia uma teoria propriamente dita nestas abordagens, embora as técnicas fossem e sejam. A modelação da informação contém numerosas ferramentas para resolver problemas de modelação estrutural, mas essa tarefa não surgiu nas tecnologias da informação. A modelação da informação, em combinação com a abordagem estrutural, conduz à importante noção de infraestrutura da informação, que também se caracteriza pela sua própria estrutura. A variedade de aplicações da modelação estrutural requer a sua sistematização. É o que mostra a figura 1.10.

Tal como os símbolos constituem a base das palavras da língua, na modelação estrutural e em muitos tipos de modelação da informação, as unidades de informação constituem a base da modelação. Por conseguinte, no lado direito da Fig. 1.10 estão indicadas para cada tecnologia: unidades de informação (UI) ou regras ou princípios (Rp). A modelação estrutural através do método dos elementos finitos e a utilização de gráficos estruturais, etc., não fazem parte desta taxonomia. O objetivo deste capítulo é analisar apenas os tipos de modelação estrutural que estão relacionados com a análise espacial.

1.6. Modelação estrutural sistémica

A investigação sistémica das estruturas leva à necessidade de desenvolver um mecanismo adequado de modelação estrutural. Em sentido lato, a modelação estrutural baseia-se em métodos topológicos, teoria dos conjuntos, métodos matemáticos para a descrição de sistemas dinâmicos não lineares, modelação por simulação, modelação funcional, métodos de estratificação, método dos elementos finitos e outros.

A modelação estrutural do sistema (SSM) pode ser considerada um tipo especial. Trata-se de um método analítico para analisar e encontrar relações de causa e efeito entre os elementos e partes do sistema com base na abordagem sistémica. A SSM permite identificar modelos hipotéticos de estruturas e desenvolver, nesta base, o mecanismo de funcionamento de um sistema complexo. A essência da SSM é apresentada na Fig. 1.11.

Fig.1.11. Abordagem sistémica da formação de estruturas.

A Modelação Estrutural de Sistemas pode ser interpretada como uma abordagem sistemática, passo a passo, para analisar a estrutura de um sistema, quer se trate de um sistema existente ou de um recém-criado. O objetivo da SSM é transformar o conhecimento geral e implícito sobre um sistema em conhecimento explícito preciso (tanto quanto possível). Para este efeito, é utilizado um conjunto de princípios designados por princípios da modelação estrutural de sistemas. Os dois princípios básicos da SSM são o princípio de dividir para conquistar e o princípio de ordenação hierárquica.

O princípio de dividir para conquistar consiste em dividir sistemas complexos em muitas partes independentes mais pequenas e fáceis de compreender. O *princípio da ordenação hierárquica* consiste em organizar as partes constituintes de um sistema em níveis hierárquicos numa relação sénior-senior. Este princípio requer a análise e a aplicação de métodos paradigmáticos e relações sintagmáticas. O facto de destacar dois princípios básicos não exclui outros princípios.

A modelação estrutural de sistemas está relacionada com a modelação de sistemas, matemática, de simulação e funcional. As tarefas da SSM incluem: criação da estrutura de um sistema complexo; avaliação das características estruturais; modelação dos fluxos de informação dentro do sistema; modelação das características temporais. Partindo das direcções possíveis da SSM acima mencionadas, é possível reduzi-las a duas direcções principais de modelação: modelação estrutural; modelação funcional. No MSP, é necessário distinguir entre o agrupamento estrutural, que não é uma estrutura, e a estrutura
(Figura 1.12).

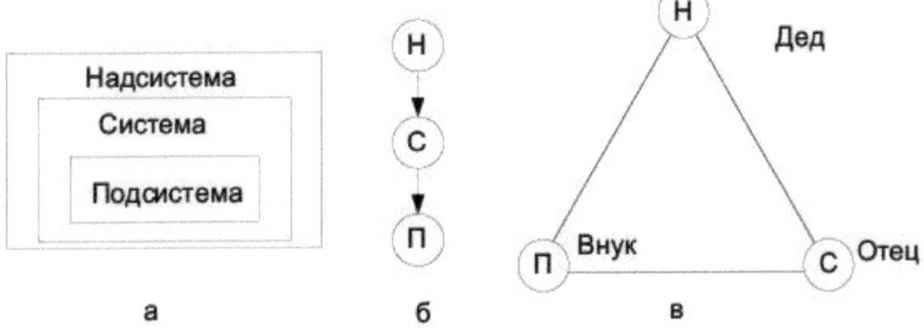

Figura 1.12. Agrupamento estrutural (a) e dois tipos de estrutura

A análise do sistema primário oferece uma oportunidade para identificar o agrupamento estrutural. A figura 1.12(a) mostra um diagrama de aninhamento estrutural, que é o resultado de uma análise de sistema do tipo "dividir para conquistar". O agrupamento estrutural mostra o facto de existirem partes do sistema, mas não especifica as relações entre elas. A figura 1.12 mostra: supersistema (H), sistema (S) e subsistema (P). A Figura 1.126) mostra a estrutura hierárquica destes componentes, que é linear. É construída com base no segundo princípio básico da hierarquia 40
de ordem.

A Fig. 1.12c) mostra a estrutura trinitária dos mesmos componentes, que já é não-linear. Para maior clareza, são feitas comparações com os elementos da estrutura: supersistema - avô, sistema - pai, subsistema - neto. Na Fig. 1.12c), a relação H-C e a relação C-P são equivalentes. Estas são as relações de pai para filho. Mas a relação H-P de avô e neto é adicional e diferente da relação H-C. Esta relação adicional pode estabelecer uma retroação e um feedback. Esta relação adicional pode estabelecer um feedback e ser a base da auto-organização do sistema trinitário. Apesar da não linearidade da estrutura trinitária 1.12c) também podem existir relações de hierarquia. Mas de tipo mais complexo em comparação com o sistema linear 1.126).

Três relações diferentes formam uma estrutura trinitária fechada. Atualmente, este conceito é muito utilizado: na teologia, na sociologia e na filosofia. Raramente é utilizado nas ciências técnicas e na modelação. Se a relação H-P estiver ausente, a estrutura trinitária transforma-se numa estrutura hierárquica linear. A Fig.1.13 mostra o encaixe estrutural de um sistema complexo sob a forma de uma determinada situação de informação.

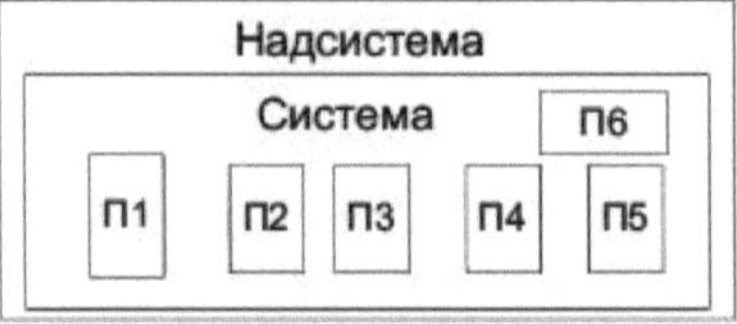

Fig. 1.13. Situação de informação do agrupamento estrutural para um sistema complexo

O esquema da Fig. 1.13 regista a presença de um supersistema no qual o sistema está aninhado. O sistema inclui (convencionalmente) seis subsistemas. Por uma questão de simplicidade, os elementos dos subsistemas não são apresentados. Com base numa análise completa do sistema, é possível construir uma estrutura, que é apresentada na Fig. 1.14. Esta estrutura permite realçar as relações e ligações num sistema complexo.

A Fig. 1.14 mostra as ligações entre os subsistemas e, convencionalmente, os níveis hierárquicos. O esquema da Fig. 1.14 não é hierárquico no sentido estrito. Mas existem níveis hierárquicos em qualquer sistema. O esquema da Fig. 1.14 pode ser lido da seguinte forma.

Por relação. Subsistemas P1, P2, P3 - pertencem ao nível mais alto da hierarquia. Os subsistemas P5, P4 pertencem ao segundo nível da hierarquia. O subsistema P6 está no nível mais baixo da hierarquia. Isso determina a relação entre eles. Outro exemplo de relações de volume P3 > P2 > P1 ou P6 > Hi i 1... .5. Tudo isto não é visível no agrupamento estrutural.

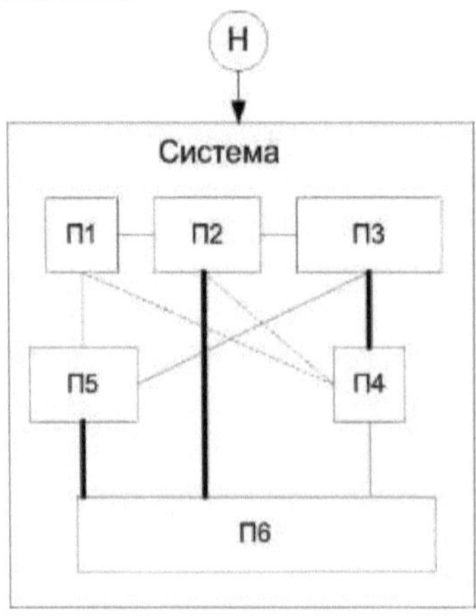

Fig. 1.14. Estrutura de um sistema complexo de acordo com a situação da Fig. 1.13

Por ligações. As ligações P1-2, P2-3, P1-5 são constantes e equivalentes. Os fluxos de intensidade média passam por eles. As ligações P5-6, P2-6, P3-4 são constantes e equivalentes. Por eles passam fluxos de intensidade elevada. As ligações P1-4, P2-4 não são constantes (periódicas) e são equivalentes. Fluxos de intensidade média passam por eles periodicamente. Aqui a espessura da ligação caracteriza a intensidade do fluxo. A linha sólida caracteriza a constância da ligação. A linha a tracejado caracteriza a imprecisão ou a periodicidade.

O esquema da Fig. 1.14 não mostra a direção dos fluxos, o que implica que os fluxos podem fluir em qualquer direção. O diagrama da Fig. 1.14 é um gráfico, o que permite aplicar técnicas de análise gráfica utilizando métodos de análise e otimização normais. Este último permite otimizar as ligações ou os fluxos do sistema com base na análise segundo um critério de otimização escolhido. Para além dos dois princípios básicos, são aplicados outros princípios na SSM. São os chamados princípios da modelação estrutural de sistemas.

O princípio das relações possíveis. Consiste em analisar as relações e ligações entre os elementos e partes do sistema segundo a regra "cada um para cada um" ou "muitos para muitos". Este princípio exige a verificação de todas as relações possíveis. Está relacionado com o princípio da suficiência.

O princípio da suficiência Consiste em excluir do sistema as ligações e os elementos redundantes (parasitas).

O princípio da abstração. Consiste em selecionar as características do sistema que são essenciais em relação a determinados aspectos e excluir as características não essenciais, a fim de representar o sistema de uma forma geral. Este princípio é também fundamental na modelação da informação e na construção de modelos de informação. Este princípio é condicional, porque dependendo do aspeto em consideração, uma ou outra caraterística pode ser atribuída como essencial ou não essencial. Este princípio é um complemento e um desenvolvimento do princípio de "dividir para conquistar"

O princípio da   formalização: é a necessidade descrição descritiva, ou formal, da estrutura que está a ser modelada.

O princípio da integração concetual. Consiste em seguir uma única filosofia e conceitos em todas as fases da modelação estrutural. Requer a construção de uma única formalização e de uma única ideologia de descrição de estruturas.

O princípio da correspondência da informação. Este princípio analisa a intensidade dos fluxos de informação. Consiste na exigência de conformidade das funções dos elementos e partes do sistema com os fluxos de informação de entrada e saída, que chegam e partem deles. Se este princípio for violado, é necessário introduzir elementos adicionais para reduzir a carga de cada elemento ou alterar a estrutura dos fluxos de informação, para os igualar e criar uma correspondência de informação.

O princípio da correspondência lógica. Este princípio analisa a lógica da interação. Consiste na exigência de conformidade das funções dos elementos e partes do sistema com a lógica de processamento e transformação da informação, que é condicionada pelo objetivo e pelas funções principais do sistema. A principal tarefa deste princípio é excluir os bloqueios e os ciclos.

O princípio da estruturação dos dados. Este princípio consiste em utilizar as informações estruturadas para o tratamento em vez das informações pouco estruturadas ou não estruturadas. Este princípio exige um tratamento inicial e a organização dos dados para os estruturar.

A abordagem sistémica da formação de estruturas permite formar não só a estrutura de um sistema complexo, mas também a estrutura da situação em que este sistema se encontra. Esta é a sua vantagem.

A abordagem sistémica da formação de estruturas permite formar a estrutura de processos e fenómenos, e não apenas de sistemas. A modelação SSM permite modelar a estrutura organizacional dos sistemas, subsistemas tais como: informação, organizacional, funcional, estratificado, controlo. A modelação SSM permite efetuar a modelação da composição e das ligações no sistema. A abordagem sistémica da formação da estrutura de todos os subsistemas determina o funcionamento ótimo do sistema como um todo e a sua interação com o supersistema. Esta abordagem de construção da estrutura pode ser utilizada para construir a estrutura de sistemas fechados e abertos.

A análise moderna é uma direção científica complexa, que inclui não só as ciências técnicas e matemáticas, mas também as ciências cognitivas e a psicologia. A análise espacial é aplicada não só nas ciências da Terra, mas também na medicina e nos negócios. Na investigação espacial, na economia, na gestão, nos transportes, na educação, etc. O espaço real e o domínio da informação constituem a base empírica da análise de sistemas. A análise de sistemas e a análise qualitativa constituem a base teórica da análise de sistemas. A análise de sistemas investiga várias ligações e relações entre sistemas, objectos, processos e fenómenos. Comum aos diferentes tipos de análise de sistemas é a consideração do espaço real como um sistema complexo constituído por elementos estruturais. As técnicas de análise de sistemas utilizam regras, unidades de informação e as suas combinações.

A tarefa dos diferentes tipos de análise de sistemas consiste em construir a estrutura do sistema ou objeto, identificar as ligações e relações externas e internas. Uma fase importante da análise do sistema é a utilização do modelo da situação da informação. A situação da informação inclui as ligações e relações de um objeto com outros objectos e com uma parte do campo de informação fixado num determinado momento.

A transferência de métodos de análise de sistemas para o domínio das tecnologias da informação pode desenvolver significativamente esta direção e contribuir para a generalização e o desenvolvimento da teoria da análise de sistemas.

2. Sistemática de sistemas complexos
2.1. Princípios de descrição de um sistema complexo.

Para analisar e sistematizar os sistemas complexos, é necessário analisar as características e as propriedades de base de um sistema complexo enquanto sistema abstrato. A descrição de um sistema complexo baseia-se em determinados princípios de sistema [29].

1. O princípio da integridade do sistema, que significa a ligação dos elementos do sistema numa totalidade comum e a impossibilidade de remover qualquer elemento sem perder as propriedades do sistema. O princípio da integridade do sistema permite a redundância de elementos como reserva no seu funcionamento

2. O princípio da unidade dos elementos do sistema, que significa que os elementos do sistema estão ligados num único todo, o que permite considerar este todo como um único objeto. O princípio da unidade dos elementos do sistema permite efetuar análises elemento a elemento e análises holísticas da totalidade do sistema

3. O princípio da natureza emergente do sistema, que significa que as suas propriedades gerais são irredutíveis à soma das propriedades dos seus elementos constituintes e que as propriedades gerais do sistema não são dedutíveis das propriedades individuais dos elementos.

4. O princípio da descrição estrutural de um sistema significa a organização dos elementos e partes do sistema sob a forma de uma estrutura estável ou variável. O princípio da descrição estrutural do sistema permite estruturas estacionárias e dinâmicas. O princípio da descrição estrutural do sistema permite estruturas auto-desenvolvidas. O princípio da descrição estrutural do sistema implica a presença de complementaridade entre os elementos da estrutura do sistema.

5. O princípio da funcionalidade do sistema, que significa a organização da existência de uma função comum do sistema e das funções dos seus elementos. O princípio da funcionalidade do sistema significa a dependência de cada elemento do sistema do seu lugar e da sua pertença funcional no sistema.

6. O princípio da hierarquia [149, 150], que significa que existe uma hierarquia e uma subordinação entre as partes do sistema. Cada parte do sistema pode ser considerada como um sistema aninhado.

7. O princípio da descrição múltipla de sistemas, que significa que um sistema abstrato ou concetual pode ser descrito por diversas variantes de descrições de sistemas realizadas na prática, expressando um determinado aspeto da consideração do sistema.

2.2. Sistemas organizacionais complexos

Existe um conjunto bastante vasto de trabalhos sobre sistemas organizacionais, que trata um sistema organizacional como um conjunto organizacional, com uma presença caraterística de atributos.

A peculiaridade de tais trabalhos sobre sistemas organizacionais é que, utilizando o conceito de "sistema organizacional", os autores consideram-no não como um sistema complexo, mas como uma certa totalidade, que pode ou não incluir características sistémicas. Ou seja, um sistema organizacional deste tipo não tem a propriedade de integridade e natureza sistémica. O conceito desta abordagem é que o sistema organizacional é um sistema específico. Nesta abordagem, o conceito de integridade do sistema não é utilizado.

O conceito da abordagem do presente documento é que um sistema organizacional é, em primeiro lugar, um sistema complexo com características sistémicas, relacionado com outros sistemas complexos, e, em segundo lugar, um sistema especial.

A abordagem dos sistemas é reconhecida como uma direção fundamental da investigação científica, que é bastante aplicável aos sistemas organizacionais. O objeto da análise sistémica dos sistemas organizacionais são as relações e ligações existentes nesses sistemas e as propriedades dos sistemas organizacionais que se encontram na descrição do sistema. A abordagem sistémica é um dos principais meios para construir uma imagem do mundo [151-159]. A análise sistémica dos sistemas organizacionais permite incluir organicamente esses sistemas na imagem científica do mundo.

Metodologicamente, a abordagem sistémica é considerada como uma doutrina de objectos materiais e abstractos de diferentes finalidades, cuja base para a representação e interpretação é o conceito de "sistema". A análise sistémica dos sistemas organizacionais permite, em primeiro lugar, apresentar esses sistemas a partir de posições sistémicas e comparar os sistemas organizacionais com uma série de outros sistemas.

Por conseguinte, um sistema organizacional complexo pode ser entendido como um conjunto de elementos que se encontram em relações e ligações estáveis entre si, formando uma integridade e uma unidade [160-162].

A utilização do conceito de "sistema" permite-nos obter não só uma descrição holística, mas também um conhecimento holístico. A análise sistémica dos sistemas organizacionais oferece uma oportunidade para obter novos conhecimentos sobre esses sistemas.

A utilização da abordagem de sistemas permite identificar leis e regularidades objectivas. A utilização da abordagem de sistemas permite aplicar as leis e regularidades identificadas para criar modelos e novos sistemas. A análise sistémica dos sistemas organizacionais permite identificar leis e regularidades no comportamento desses sistemas e utilizar essas regularidades na gestão dos mesmos.

Os sistemas organizacionais complexos são um tipo de sistemas complexos. No entanto, os sistemas organizacionais complexos ainda não foram descritos de uma perspetiva sistémica, mas apenas de uma perspetiva organizacional. Há sistemas organizacionais que não possuem o conjunto completo de atributos dos sistemas complexos.

Sistemas organizacionais simples. Qualquer equipa ou comunidade de trabalhadores pode ser considerada como um sistema organizacional simples. Estes sistemas organizacionais, enquanto conjunto organizacional, não são completos em relação aos sistemas complexos. No entanto, representam um modelo primário que, quando desenvolvido, conduz a um sistema organizacional complexo.

Em algumas publicações, um sistema organizacional é uma associação de pessoas (participantes) que implementam conjuntamente um determinado programa e actuam com base em regras acordadas. A presença de normas (padrões), que regulam as actividades conjuntas dos participantes no sistema organizacional, é um fator sistémico de ligação. Um sistema organizacional tem uma hierarquia e uma estrutura internas. No entanto, os sistemas organizacionais modernos utilizam necessariamente a tecnologia e os sistemas de informação como base de ligação que aumenta a eficácia do sistema organizacional. O sistema organizacional adquire estas propriedades através de um conjunto de processos ou acções que conduzem à formação e melhoria das inter-relações entre as partes do todo.

Considera-se que o conjunto de procedimentos, leis e regras normativas que regem a interação dos participantes no sistema organizacional define o mecanismo de interação dos participantes e o funcionamento de todo o sistema. Os mecanismos de funcionamento e gestão do sistema organizacional não são rigidamente estabelecidos e podem mudar de sistema para sistema. O sistema organizacional não tem a propriedade de ser emergente. As suas capacidades e recursos dependem dos recursos humanos e das competências dos participantes. Por conseguinte, a modelização de um sistema deste tipo contém elementos de análise probabilística, porque o comportamento das pessoas depende da sua motivação imediata e pode mudar em função de factores mentais e psicofísicos. A utilização de modelos permite prever o comportamento probabilístico de um sistema organizacional (SO).

O modelo de um sistema organizacional depende dos seguintes factores

1. Composição dos participantes no sistema operativo, ou seja, cria uma dependência das propriedades da composição dos elementos do sistema e torna-a aditiva;

2. Estrutura organizativa da OS, que é variável, ou seja, depende da decisão da direção e das capacidades dos participantes;

3. Recursos do sistema operativo que dependem dos recursos humanos e do capital intelectual da organização

4. Composição de documentos normativos que definem as regras de interação e de subordinação no sistema operacional;

5. Motivações e preferências actuais dos participantes no sistema operativo;

6. A presença de contradições internas entre os interesses de todo o sistema, as suas subdivisões e os participantes individuais;

7. Recursos de informação e sensibilização dos participantes no sistema operativo para os factores essenciais no momento da tomada de decisão;

8. Ligações externas e internas do sistema operativo;

9. Avaliação subjectiva da atividade dos participantes pela direção da OS. Regra geral, a direção tem menos qualificações especiais e avalia os trabalhadores não como especialistas mas como participantes da organização que resolvem uma tarefa comum.

10. As relações sociais dos participantes.

Na prática, os sistemas organizacionais são utilizados para resolver problemas que não têm esquemas de solução típicos devido à sua novidade e natureza problemática. Exemplos de SO são vários tipos de projectos, gestão e outras organizações semelhantes, bem como equipas de pessoas. Os principais elementos estruturais de um SO são as pessoas que transformam os recursos deste sistema.

Dos factores considerados, apenas o fator 4 e, condicionalmente, o fator 2 cumprem funções de ligação. Os factores 6 e 9 desempenham um papel desintegrador no sistema. Os factores 1, 3, 5, 7 e 10 criam instabilidade e variabilidade no sistema operativo. Não se trata de qualquer natureza emergente num sistema deste tipo. O sistema é condicionalmente aditivo, porque a soma dos recursos depende não só das capacidades, mas também da motivação dos participantes.

Na gestão dos sistemas operacionais, é importante ser capaz de encontrar a melhor solução em situações actuais que se caracterizam pela incompletude, incerteza, imprecisão das informações iniciais, bem como pela falta de informações quantitativas suficientes, singularidade, dinamismo, etc.

Sistemas organizacionais complexos. O termo "sistemas organizacionais complexos" é introduzido como alternativa ao termo "sistemas organizacionais", que não possuem sistematicidade. Um sistema organizacional complexo (SOS) é, antes de mais, um sistema complexo com as propriedades de integridade e de carácter emergente. O carácter emergente de um SOS tem duas componentes: técnica e humana. A emergência técnica é a mesma que a dos outros sistemas que contêm tecnologia. A emergência humana deve-se à presença de capital humano. Se uma organização dispõe de recursos humanos únicos, isso cria uma vantagem para essa organização em relação às outras. É o emergentismo humano, ou seja, a irredutibilidade do talento humano aos recursos humanos.

Os sistemas organizacionais complexos são complementados por alguns componentes relacionados com o sistema operativo. Trata-se do fluxo de documentos electrónicos, que aumenta a eficiência da interação de informações entre os participantes no sistema e fornece avaliações mais objectivas da interação.

Importa sublinhar que os sistemas organizacionais modernos não são constituídos apenas por pessoal. Incluem vários sistemas de apoio à informação e, em particular, vários sistemas de informação. O sistema de informação do pessoal cumpre as funções de contabilidade, controlo e registo objetivo das actividades dos trabalhadores. A tecnologia da informação aumenta a consciencialização e a capacidade de resposta. Base de informação, que cumpre as funções de informação, formação e acumulação de experiência. A acumulação da experiência de trabalho dos trabalhadores cria um efeito emergente, uma vez que dá a oportunidade de transformar a experiência como conhecimento tácito em novo conhecimento explícito. O sistema de informação é o núcleo do apoio e do SOS.

Para além da utilização da experiência subjectiva e dos conhecimentos de especialistas na tomada de decisões de gestão, são também utilizados métodos analíticos de análise da situação e de previsão com recurso extensivo a software.

Por sistema organizacional complexo entendemos um sistema complexo, que inclui organicamente componentes qualitativamente diferentes: sujeitos, meios de informação, recursos humanos e de informação, formando uma estrutura, estando em ligações e relações, formando integridade e unidade, e possuindo a qualidade de emergente, não inerente a participantes individuais do sistema.

Modelação organizacional. Um sistema organizacional complexo, uma vez criado, deve desempenhar uma ou mais funções. A modelação organizacional inclui a modelação funcional, a conceção funcional e a conceção estrutural. A modelação funcional típica e a conceção funcional definem a estrutura funcional do SCO.

A conceção de sistemas organizacionais complexos sem quaisquer restrições cria sistemas "não estruturados" e gera o caos no funcionamento desses sistemas. Nestes casos, é difícil compreender o funcionamento de um sistema, o que obriga a uma otimização "manual" do mesmo. Para além disso, as análises automáticas dos fluxos de informação e das funcionalidades tornam-se muito mais complicadas. A solução do problema é a criação de uma estrutura de sistema de SOS, que tem em conta e contém as propriedades do sistema.

A propriedade de "estruturação" da conceção de OSS é fornecida por três unidades de informação básicas: seguimento, ramificação e um ciclo com uma condição de entrada ("ciclo-até"), e três unidades adicionais: seleção, um ciclo com um determinado número de repetições ("contagem") e um ciclo com uma condição de saída ("ciclo até").

O conceito de "conceção estrutural" está relacionado não tanto com a modelação estrutural como com a conceção lógica. Se a aplicação habitual de elementos de fluxogramas cria uma estruturação formal, a aplicação de métodos de conceção estrutural cria uma propriedade adicional de sistematicidade. O sistema organizacional, enquanto sistema complexo, deve incluir uma "estruturação lógica". A estruturação lógica na conceção estrutural aumenta a lógica das acções e a verificabilidade do SAA. Um sistema organizacional complexo e, consequentemente, as suas tecnologias de aplicação, têm maior fiabilidade do que um sistema organizacional. Esta é a principal vantagem da conceção estrutural dos SCO. A modelação organizacional define as propriedades sistemáticas do SA e torna-o diferente do sistema organizacional.

Um sistema organizacional complexo moderno pode conter outros sistemas: sistemas técnicos, tecnológicos, de informação, de comunicação e de armazenamento. Do ponto de vista da organização e não do apoio, dois sistemas estão mais estreitamente relacionados com o sistema organizacional complexo do que outros sistemas: o sistema organizacional e técnico complexo e o sistema ergonómico [163-165]. O sistema organizacional e técnico é um supersistema para o SCO, enquanto o sistema ergonómico está mais frequentemente integrado no SCO.

A análise efectuada permite introduzir o conceito de "modelação organizacional" como um método de construção de sistemas organizacionais complexos. A modelação da informação não fornece uma lógica totalmente fiável de funções e processos em sistemas organizacionais. A modelação estrutural proporciona, por si só, fiabilidade em estruturas relativamente simples. A modelação organizacional a partir de posições sistémicas considera o sistema organizacional como um sistema complexo, cujos elementos são entidades. A modelação organizacional a partir de posições funcionais considera um sistema organizacional como um sistema funcional, cujos elementos são unidades funcionais. Os sistemas organizacionais complexos são sistemas cujo comportamento é difícil de modelizar devido às dependências complexas entre as suas partes e às interacções complexas entre este sistema e o ambiente. Os sistemas organizacionais complexos (SCO) têm estas propriedades devido ao não-determinismo dos elementos do sistema. Por conseguinte, os sistemas de informação, as tecnologias da informação e as bases de dados são parte integrante desses sistemas complexos. Estes componentes reduzem a subjetividade e criam situações emergentes. Os sistemas designados por "complexos", incluindo os OSS, têm propriedades específicas como a heterogeneidade, a não linearidade, a incerteza, a estocasticidade parcial, os ciclos de retroação e outras [166]. Estes tipos de sistemas são aplicados em diferentes domínios, pelo que é possível distinguir as características gerais e particulares destes sistemas. Assim, a investigação sobre sistemas divide-se em áreas gerais e especiais. As características gerais são um tópico de investigação especial relacionado com a análise de sistemas e a teoria dos sistemas modelo. No que respeita aos sistemas, os sistemas organizacionais complexos são um tipo específico de sistemas complexos. São qualitativamente diferentes dos sistemas organizacionais. Os sistemas organizacionais complexos podem funcionar de forma autónoma ou podem fazer parte de SOTS. No que respeita ao aspeto informacional, os SOTS são sistemas complexos eragéticos de informação. É nesta direção que os sistemas organizacionais e os sistemas organizacionais complexos se devem desenvolver.

2.3 Sistemas tecnológicos complexos

Sistema é um conceito geral para objectos, processos e tecnologias. Os sistemas tecnológicos são conjuntos holísticos de tecnologias relacionadas que possuem as propriedades da sistematicidade.

Os sistemas tecnológicos complexos são sistemas tecnológicos cujo comportamento é difícil de modelizar devido a dependências multivaloradas entre fluxos ou devido a interacções complexas [167]. Exemplos de sistemas tecnológicos são os sistemas de software e os sistemas multiagentes [168]. Os sistemas complexos são caracterizados por: não linearidade, estocasticidade, incerteza, ciclos e outros. Estes sistemas são utilizados em diferentes domínios, pelo que é possível distinguir neles características gerais e particulares. De acordo com este princípio, a direção do estudo geral dos sistemas tecnológicos e os estudos especiais estão divididos.

Os estudos gerais de sistemas tecnológicos utilizam a análise de sistemas e a teoria geral dos sistemas. A investigação especializada ocupa-se do estudo dos sistemas em relação à sua área temática e a tarefas especiais. Os sistemas tecnológicos complexos são utilizados em muitos domínios: transportes, biologia, sistemas de comunicação, tecnologias da Internet das coisas, economia e outros. Os sistemas tecnológicos complexos (STLC) são caracterizados por componentes de informação e comunicação. A abreviatura STLS é escolhida para distinguir os sistemas tecnológicos complexos dos sistemas técnicos complexos (CTS)

Por conseguinte, os STLS modernos podem ser rotulados como "sistemas complexos de tecnologias da informação". De seguida, falaremos de STLS, tendo em conta a presença da componente de comunicação e informação nestes sistemas. Em geral, o estudo dos sistemas tecnológicos complexos é de importância interdisciplinar.

Sistemas tecnológicos complexos e redes complexas. Os sistemas tecnológicos complexos e as redes complexas estão intimamente relacionados. Muitas vezes, os STLS são a base para o funcionamento das redes. A rede é o ambiente técnico para a realização do STLS. Isto é particularmente evidente nas tecnologias da Internet das coisas [169] e nos sistemas ciber-físicos [170-172]. Os sistemas tecnológicos complexos são investigados quanto ao modo como as relações entre as partes do sistema conduzem ao seu comportamento global e às mudanças no estado do sistema. Isto inclui o estudo da interação da informação [173-176] com o ambiente externo. Esta abordagem investiga as relações internas entre as partes e as relações externas com o ambiente. O estudo dos sistemas tecnológicos inclui o estudo do comportamento coletivo ou de todo o sistema. A análise estrutural [177] e a modelação estrutural [178, 179] desempenham um papel importante neste domínio.

O estudo dos sistemas tecnológicos complexos tem como objetivo investigar a complexidade como a principal caraterística desses sistemas. Esta investigação examina os factores que influenciam e criam a complexidade de um sistema tecnológico. O estudo do STLS como um sistema de comunicação leva ao conceito de sistema distribuído como um exemplo de sistema complexo. Por sua vez, o estudo de um sistema distribuído leva à noção de rede ou sistema em rede. Portanto, é possível falar da conexão do STLS com um sistema de rede ou rede.

Se a estrutura de uma rede ou tecnologia tiver um grande número de nós, é um sinal de complexidade e constitui uma razão para aplicar a teoria do trabalho com "grafos grandes". Qualquer sistema complexo contém muitos blocos (clusters) que têm determinadas funções. No caso das grandes redes, existe o problema de isolar uma "estrutura generalizada" como a parte mais importante da estrutura. Esta abordagem tem sido utilizada no controlo.

A diferença entre sistemas tecnológicos complexos e uma rede complexa é que uma rede reflecte a estrutura física das ligações entre nós físicos. Pode haver muitos fluxos de informação numa rede. Por conseguinte, uma caraterística importante de uma rede são as ligações (canais) entre os nós da rede. Um sistema tecnológico reflecte a relação entre os nós e a interação entre eles.

A estrutura do STLS caracteriza a relação entre os componentes do sistema e a interação do STLS com o ambiente externo. Os sistemas tecnológicos complexos têm propriedades adicionais em relação à rede: integridade, emergência, inegrabilidade, estrutura multinível, bem como a presença de relações que não são ligações, mas que afectam o funcionamento do sistema.

O modelo topológico de uma rede é constituído por grafos orientados e não orientados [180]. Uma ligação da rede é uma tupla $<V, A>$, em que V é o conjunto de nós, $A = \{(v_1 , v_2) : v_1 , v_2 \in V\} -$ é o conjunto de arcos. A presença de um arco A corresponde à presença de uma ligação entre os nós da rede. Uma ligação de rede N tem uma descrição.

$$N_i:\ V_i \rightarrow V_{i+1}\ (1)$$

O modelo topológico do STS é constituído apenas por grafos orientados. A descrição de um sistema tecnológico complexo é designada por uma tupla $< VF,\ AF,\ VT,\ FT>$, em que VF é um conjunto de vértices funcionais, VA é um conjunto de vértices de transformação, AF é um conjunto de arcos funcionais. AT é o conjunto dos arcos de transformação. A diferença qualitativa entre uma rede e um STLS é que uma rede cria um canal de comunicação A entre os vértices, enquanto um STLS realiza dois tipos de transformações dirigidas. O sistema tecnológico mais simples ST (tecnologia simples) pode ser representado como um mecanismo de transformação de um conjunto de entrada X num conjunto de saída Y.

$$ST:\ X \rightarrow Y\ (2)$$

Esta abordagem, sistema como uma transformação de conjuntos, foi introduzida por Mesarovic [150]. Esta abordagem dá a base para referir o sistema tecnológico a sistemas complexos de acordo com Mesarovic. Num sistema tecnológico complexo, a expressão CST (2) corresponde à i-ésima ligação do CTS. Esta ligação é designada por ligação funcional.

$$X_i \rightarrow Y_i\ (3)$$

Ao mesmo tempo, essa ligação não é a única, porque para a próxima ligação $(i+1)$-ro é necessário preparar o próximo conjunto de entrada X_{i+1}. Este problema é resolvido aumentando a ligação funcional com uma ligação transformacional

$$Y_i \rightarrow X_{i+1}\ (4)$$

A ligação geral do STS tem a forma

$$CST_i: X_i \rightarrow Y_i \; ; \; Y_i \rightarrow X_{i+1} \quad (5)$$

A figura 2.1 mostra a relação entre o STLS e a rede expressa através de ligações elementares.

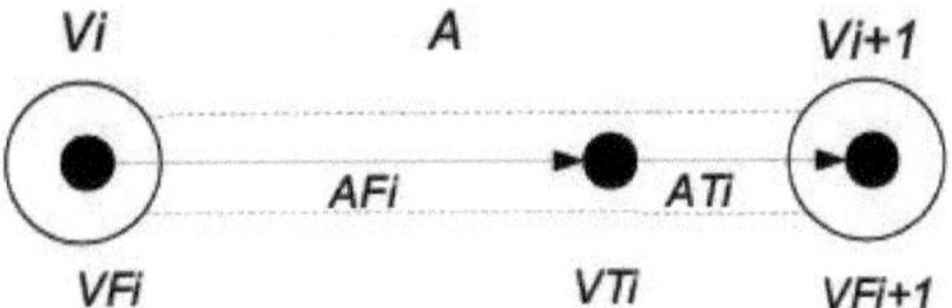

Figura 2.1. Ligação entre uma ligação de rede e uma ligação de um sistema tecnológico complexo.

O modelo da Fig. 1 mostra que uma ligação de rede corresponde a duas ligações do STLS. Se introduzirmos a notação de correspondência de informação processual [181] como ^, podemos dizer que existe uma correspondência de informação entre uma ligação de rede e uma ligação de um sistema tecnológico complexo

$$N_i \leftrightarrow CST_i: \quad (6)$$

Um sistema tecnológico complexo é menos estável e menos previsível do que uma rede. A razão para este facto reside na maior variabilidade do STLS. O número de *nós* n determina proporcionalmente o número de ligações numa rede plana ($n^2 /2$). Esta é também uma caraterística da complexidade. Num sistema tecnológico, a complexidade é 4 vezes maior ($2\,n^2$). Daqui se conclui que a complexidade do sistema tecnológico é maior do que a da rede em que se insere. Em princípio, uma rede pode ser identificada com um sistema tecnológico. Neste caso, podemos falar de um sistema tecnológico complexo que funciona dentro de um sistema técnico complexo. No entanto, não se pode considerar qualquer tecnologia dentro de um sistema técnico ou qualquer conjunto de tecnologias dentro de um sistema técnico como um sistema tecnológico. Um sistema tecnológico complexo surge apenas quando um conjunto de tecnologias forma um conjunto integral e tem a propriedade de natureza emergente, que desaparece quando qualquer tecnologia é excluída do conjunto. Outra diferença entre uma rede e um sistema complexo é a possibilidade de construir uma métrica para o sistema [182]

Uma rede é um objeto mais simples do que um sistema tecnológico complexo. Como tal, a representação de um sistema complexo e de uma rede complexa não são equivalentes, embora partilhem algumas características comuns. Estes atributos incluem os blocos do sistema e da rede. O processo de passagem de uma rede complexa para uma representação em blocos é designado por generalização. No controlo cognitivo, este mecanismo é a base da construção dos mapas cognitivos [183].

Autopoiese de um sistema tecnológico complexo. O conceito de "autopoiese" foi introduzido pelo sociólogo Niklas Luhmann na sua teoria dos sistemas sociais [184,

185]. O esquema de autopoiese de Luhmann inclui três pares de princípios e um princípio não-par (Fig. 2.2).

O primeiro par é a complexidade e a redução. A complexidade, que pode ser dinâmica, é um princípio fundamental. Este princípio relaciona a teoria de Luhmann com a teoria dos sistemas complexos. A complexidade como relação entre o sistema e o ambiente externo é interpretada por Luhmann como um número ilimitado de possibilidades que ameaçam o sistema. A par da complexidade está a redução. Este princípio correlaciona formalmente a teoria de Luhmann com a teoria dos sistemas e a análise de sistemas. No entanto, na interpretação de Luhmann, a redução significa alterar a qualidade do sistema ou dos seus subsistemas, não no sentido de simplificar o sistema, mas no sentido de reduzir as ligações externas e a complexidade externa para reduzir as ameaças à capacidade do sistema de as refletir e continuar a funcionar. Assim, Luhmann interpreta a redução não como um mecanismo de simplificação dos sistemas, mas como a base da racionalidade do comportamento e um fator de sobrevivência. Esta interpretação não existe na teoria geral dos sistemas, mas é bastante aceitável para o STS.

O segundo par é a reflexão e a auto-referência. Estas categorias não existem na teoria geral dos sistemas. Na interpretação de Luhmann, a reflexão significa a auto-relação com o outro, ou seja, a interação do sistema com o ambiente externo. A auto-referência difere um pouco do significado geralmente aceite e significa, na teoria de Luhmann, auto-identificação, ou seja, a caraterização da interação interna dos blocos do sistema. Assim, este par de princípios liga a interação interna e externa no STLS.

O terceiro par de princípios é a diferenciação e a comunicação. A comunicação significa a transferência e o intercâmbio de informações. A diferenciação funcional consiste na distinção e no isolamento dos subsistemas da sociedade, o que, em relação à teoria dos sistemas de Luhmann, significa a diferenciação das partes internas do sistema e a diferenciação das relações entre o sistema e o ambiente externo. A diferenciação é uma caraterística dinâmica e tem por objetivo realçar novas propriedades e qualidades do sistema, que ocorrem no processo do seu funcionamento e desenvolvimento.

O princípio de não emparelhamento mais importante é a autopoiese. Este princípio une todos os outros princípios. Autopoiese significa auto-organização e auto-reprodução. Luhmann destaca a autopoiese como o princípio sistémico mais importante [185]. Luhmann tomou este termo emprestado dos neurobiólogos, acreditando que um sistema complexo deveria ser semelhante aos sistemas biológicos e capaz de criar todas as partes disponíveis com base nos seus próprios recursos. No entendimento sinergético moderno, esta propriedade é designada por auto-organização e auto-desenvolvimento. A autopoiese é um integrador que liga todos os princípios dos sistemas sociais e assegura o funcionamento do sistema. Todos os princípios considerados são aplicáveis ao STLS.

A autopoiese STIS tem as seguintes propriedades Capacidade de formar e desenvolver um modelo tecnológico interno de processos. Capacidade de extrair conhecimentos e produzir novos conhecimentos com base na modificação da tecnologia. Capacidade de modelar tecnologias e de as melhorar nesta base. Capacidade de formar recursos tecnológicos próprios com base na modelação e na acumulação de experiência tecnológica.

A presença da autopoiese STLS significa que alguns blocos de tecnologia têm memória e possuem inteligência externa ou interna. Atualmente, isto é facilmente realizável, uma vez que a maioria dos blocos utiliza o controlo por computador. Cada bloco de tecnologia STLS pode interagir de forma informativa e inteligente com outros blocos. Uma comunidade de blocos laterais pode interagir com o ambiente externo. Um bloco inteligente é capaz de se autodesenvolver e de cooperar com outros blocos do sistema. A interação de informação entre blocos dentro do sistema e blocos com o ambiente é diferente. A interação de informação entre blocos dentro do sistema baseia-se no princípio da correspondência de informação. A interação da informação entre os elementos e o ambiente baseia-se no princípio da redução [185].

Para os sistemas tecnológicos complexos, é necessário distinguir os princípios do sistema e as características funcionais. O funcionamento dos STS modernos baseia-se nas seguintes propriedades e princípios do sistema.

O princípio da conetividade. Consiste no facto de as tecnologias que convergem para o STLS estarem ligadas num único sistema. *O princípio da funcionalidade.* Consiste no facto de as tecnologias que convergem no STLS resolverem uma tarefa comum e darem um resultado comum. *O princípio da integridade.* Consiste no facto de as tecnologias que convergem no STLS criarem a integridade do sistema e de a exclusão de pelo menos uma violar a integridade do sistema e não dar o resultado que dá o sistema inteiro.

Princípio emergente. Significa que as propriedades de todo o STLS são irredutíveis à soma das propriedades das tecnologias simples que o constituem. *O princípio da estruturação.* Significa a presença da estrutura do STS como uma descrição das partes e da interação entre elas no sistema. *O princípio da reatividade.* É um princípio modificado de Le Chatelier [186]. Significa a possibilidade de reação do STS aos impactos do ambiente externo.

Todos os blocos STLS são controláveis com base na sua própria inteligência ou na inteligência externa. Cada bloco do sistema pode efetuar uma interação de informação com outros blocos relacionados. Cada bloco do sistema é capaz de se desenvolver ou auto-desenvolver. Além disso, é possível influenciar outros blocos relacionados através de cada bloco. O intercâmbio de informações entre blocos pode conter incertezas. Consequentemente, a assimetria de informação pode acumular-se entre blocos ao longo do tempo e a correspondência de informação pode ser quebrada. A presença de blocos com inteligência assegura a adaptabilidade do STLS e a sua autopoiese. O funcionamento do STLS processa-se sob a possível contra-ação do ambiente externo. Neste contexto, as funções de contra-ação ao ambiente externo são formadas no STLS.

Para além dos princípios, o STLS tem propriedades funcionais. As suas principais propriedades são a auto-organização, a organização, a adaptabilidade, a capacidade de gerar recursos [187], a sustentabilidade e a inteligência. A propriedade de adaptabilidade significa que o STLS e os seus blocos tecnológicos podem estar em vários estados.

A auto-organização do STLS exprime-se na sua capacidade de alterar as suas propriedades e de regressar a um estado estável quando o deixa sob influências externas. Os blocos tecnológicos complementares entre si podem ser considerados como elementos dos suportes de recursos do STLS. A complementaridade dos blocos e dos recursos de informação é uma das características distintivas do STLS.

Atualmente, o conceito de sistemas tecnológicos complexos não está muito difundido. No entanto, merece atenção como reflexo de um fenómeno realmente existente.

Os sistemas tecnológicos complexos constituem uma etapa do desenvolvimento dos sistemas complexos. De acordo com Mesarovich, correspondem às características de um sistema complexo. A particularidade dos sistemas tecnológicos complexos é o facto de não funcionarem de forma independente, mas necessitarem de apoio técnico. Um sistema tecnológico complexo funciona dentro de um sistema técnico ou dentro de uma rede. No entanto, tem total autonomia e portabilidade de um sistema técnico para outro. No entanto, a eficiência de um sistema tecnológico complexo depende das propriedades do sistema técnico ou da rede em que funciona. O principal critério é a capacidade de produção [188] dos canais técnicos de transmissão da informação. Os princípios de reflexão e auto-referência, comunicação e diferenciação são aplicáveis ao STS. O conceito e o princípio da autopoiese são aplicáveis aos sistemas tecnológicos complexos. De um modo geral, a teoria dos sistemas tecnológicos complexos necessita de um maior desenvolvimento.

2.4 Sistemas técnicos complexos

Os sistemas técnicos complexos são sistemas técnicos cujo comportamento é difícil de modelizar devido às interacções complexas entre o sistema e o ambiente. Nos sistemas complexos, é possível distinguir entre características gerais e características especiais. Por conseguinte, existe uma divisão entre a investigação de sistemas gerais e a investigação especializada. As características gerais são um tópico especial de investigação, que está relacionado com a análise de sistemas e a teoria dos sistemas. As características especiais servem de base para o estudo dos sistemas em relação à área temática ou à interação específica entre o sistema e o ambiente.

Os sistemas complexos são utilizados como um termo genérico que abrange muitas disciplinas, incluindo os transportes, a física, a dinâmica não linear, a biologia, a informática, a astronomia, a sociologia, a economia e outras. Deve ser sublinhada a distinção entre os sistemas técnicos complexos (STC) modernos e os sistemas técnicos complexos que existiam na "era pré-computador". Para estabelecer um paralelo, as tecnologias da informação modernas diferem das tecnologias da informação pré-computadorizadas (telefonia, telégrafo). Do mesmo modo, os STS modernos diferem dos STS pré-existentes por incluírem componentes informáticos e de telecomunicações. Por conseguinte, os STS modernos podem ser designados pelo termo "sistemas informáticos-técnicos complexos", que corresponde essencialmente a estes sistemas, mas este termo não tem tido uma aplicação alargada. Por conseguinte, falaremos de STS, tendo em conta a presença da componente de informação nestes sistemas como a principal. Em geral, o estudo dos sistemas técnicos complexos é de importância interdisciplinar.

Os sistemas técnicos complexos (STC) são estudados através da investigação do modo como as relações entre as partes do sistema influenciam o comportamento e as mudanças de estado do sistema. A abordagem de sistemas investiga a forma como o sistema interage com o ambiente externo. Esta abordagem inclui o estudo da forma como o sistema altera as relações internas entre as partes e as relações externas com o ambiente. O estudo de sistemas complexos inclui o estudo de comportamento coletivo ou de todo o sistema. A análise estrutural e a modelação estrutural desempenham um papel importante neste contexto.

Há que notar uma diferença fundamental entre a análise de sistemas e a teoria dos sistemas complexos. A análise de sistemas estuda os sistemas complexos como uma espécie de abstração idêntica para diferentes áreas temáticas. Exclui as características dos sistemas técnicos complexos, reduzindo-os a um modelo abstrato e simplificado de um sistema complexo. Na sua essência, a análise de sistemas exclui a "complexidade do sistema" e considera os sistemas de uma forma simplificada.

A teoria dos sistemas complexos tem por objetivo estudar a complexidade como a principal caraterística dos sistemas complexos e dos sistemas técnicos complexos. Assim, esta teoria estuda todos os factores que influenciam e criam a complexidade de um sistema. A consideração do STS como um sistema complexo leva ao conceito de sistema distribuído como um exemplo de sistema complexo. Por sua vez, o estudo de um sistema distribuído leva ao conceito de rede ou sistema em rede. Por conseguinte, podemos falar da semelhança do STS com um sistema em rede ou uma rede.

Se a estrutura de uma rede ou de um sistema tiver um grande número de nós, isso é um sinal de complexidade e constitui uma razão para aplicar a teoria do trabalho com "grafos grandes" [189]. [189]. No caso das grandes redes (e, consequentemente, dos STS), coloca-se o problema de analisar a estrutura e identificar a "sobreestrutura" como a parte mais importante da estrutura. Regra geral, essa "sobreestrutura" é uma caraterística oculta ou latente. A identificação da estrutura latente escondida em redes de grande escala é uma tarefa importante, cuja solução é necessária para a avaliação qualitativa de redes complexas, bem como para a análise de sistemas complexos. Os sistemas complexos contêm muitos componentes (blocos) que têm determinadas funções.

A diferença entre sistemas complexos e uma rede complexa é que uma rede reflecte essencialmente uma estrutura simples de ligações entre nós e interacções entre nós. Uma rede caracteriza estruturalmente o estado de um objeto ou a transição de um objeto de um ponto da rede para outro. Uma rede pode conter muitos objectos e é uma caraterística de um conjunto de objectos. Assim, as transições entre nós da rede são uma caraterística importante da rede. Uma rede reflecte a estrutura das ligações entre nós e a interação entre nós.

Os sistemas complexos são mais frequentemente caracterizados estruturalmente por um único objeto. A estrutura de um STS caracteriza a relação entre os componentes do sistema e a interação do STS com o ambiente externo. Os sistemas complexos têm propriedades adicionais em relação à rede: integridade, emergência, inegrabilidade, estrutura multinível, bem como a presença de relações que não são ligações, mas que afectam o funcionamento do sistema.

Uma rede é um objeto mais simples do que um sistema complexo [190]. Como tal, a representação de um sistema complexo e de uma rede complexa não são equivalentes, embora partilhem características comuns. Estes atributos comuns são os blocos ou componentes do sistema e da rede. Na rede e no STS podem distinguir-se blocos, que têm ligações externas e internas. Na representação em rede, os blocos (componentes do sistema) são um conjunto de vértices com uma elevada densidade de ligações internas e uma baixa densidade de ligações externas. Este é o principal critério de agrupamento (clustering) e generalização de redes e a transição de uma rede simples para uma representação em blocos. Assim, a generalização de redes na representação gráfica significa a transição de uma representação de rede simples baseada em nós para uma representação complexa baseada em blocos. Esta representação é uma representação formal. Na gestão cognitiva, este mecanismo está na base da construção de mapas cognitivos.

Na representação de um sistema complexo, os blocos ou componentes são associações de elementos com um objetivo funcional comum. Esta representação é física porque os componentes ou blocos de um sistema podem ser considerados como pequenos sistemas que partilham uma entrada e uma saída comuns.

A diferença entre a rede e o STS pode ser identificada quando se analisa a entropia destes objectos. Para uma rede, o movimento de um objeto pode ser considerado como uma variável aleatória X, que transita de um estado (nó) para outro com uma frequência pi. Isto determina a entropia da rede $Hm(X\sim)$ sobre o conjunto de nós e as transições entre eles.

$$H_N(X) = -\Sigma\, pi \cdot \log\,(pi),\ (7)$$

Aqui i=1...n, n é o número de nós na rede. A rede é fisicamente constituída apenas por nós, pelo que a expressão (7) descreve um modelo tão simples.

A entropia de um sistema complexo é determinada com base no facto de o STS ser fisicamente constituído por componentes (subsistemas, partes, blocos), que incluem elementos (análogos aos nós da rede). Isto define a entropia *Hs(X) de um* sistema técnico complexo como a entropia dos componentes. Isto define o primeiro termo na expressão (8). A entropia intra-componente define o segundo termo da expressão (8).

$$Hs(X) = -\Sigma\, q_i \cdot \log\,(q_i), + \Sigma\, Hc_i\,(8)$$

Aqui i=1...*m*, *m*- número de componentes do sistema $m << n$. *Hci é a* entropia de um componente do sistema. A comparação de (7) e (8) permite chegar à conclusão de que

$$H_N(X) \gg Hs(X)\,(9)$$

A entropia da rede, que caracteriza a incerteza e a imprevisibilidade da rede, é muito maior do que a entropia do STS. Um sistema técnico complexo é mais estável e previsível do que uma rede. A razão para este facto reside no menor número de transições ou ligações para o mesmo número de elementos. À medida que o número de nós aumenta, o número de ligações numa rede plana cresce proporcionalmente a (n^2 /2) o quadrado dos nós na rede. Num sistema complexo, o número de transições deste tipo é muito menor (m^2 /2). Daqui decorre indiretamente a conclusão de que, para a estabilidade e certeza de qualquer sistema, é necessário dividi-lo em blocos com um número decrescente de transições entre eles.

Autopoiese de um sistema técnico complexo. Ao estudar um sistema técnico complexo, é necessário ter em conta o facto de que o STS moderno é uma técnica de informação e inclui elementos de inteligência artificial e natural. Só o conceito de autopoiese é aplicável a estes sistemas. Um sistema técnico complexo, assim como um sistema tecnológico, pode ter a propriedade de autodesenvolvimento.

O termo "autopoiese" foi introduzido por Niklas Luhmann na sua teoria dos sistemas sociais, que se baseia em três conceitos interligados nos seus trabalhos [184, 185, 191]. Trata-se dos seguintes conceitos: teoria dos sistemas como teoria da sociedade; teoria da comunicação; e teoria evolutiva. Os pontos principais são desenvolvidos na sua obra [191]. As principais categorias que estão na base da teoria dos sistemas de Luhmann são as seguintes: complexidade, redução, reflexão, autopoiese, diferenciação funcional. É de notar uma diferença qualitativa entre a teoria dos sistemas de Luhmann e a maioria das teorias dos sistemas de outros autores. As teorias clássicas dos sistemas baseiam-se em modelos abstractos ligados à lógica e à matemática. A teoria dos sistemas de Luhmann baseia-se em analogias do desenvolvimento dos biossistemas e dos sistemas sociais.

A distinção entre o todo (sistema) e a parte (unidade do sistema) na teoria de Luhmann é transformada na distinção entre sistema e ambiente ou sistema e supersistema. Isto é novo em relação à teoria clássica dos sistemas complexos, uma vez que os sistemas complexos são frequentemente tratados como sistemas fechados. A teoria dos sistemas de Luhmann situa-se entre a teoria clássica dos sistemas e a teoria dos sistemas dinâmicos. É aplicável a vários sistemas técnicos complexos com graus variáveis. A figura 2.2 apresenta os princípios básicos da teoria dos sistemas sociais de Luhmann.

Fig.2.2 Os princípios básicos da teoria dos sistemas sociais de Luhmann.

A particularidade do esquema da Fig. 2.2 é o facto de incluir três pares de princípios e um princípio subjacente de autopoiese [192]. O primeiro par é a complexidade e a redução. A complexidade, que pode ser dinâmica, é o princípio subjacente. Este princípio relaciona a teoria de Luhmann com a teoria dos sistemas complexos. A complexidade como relação entre o sistema e o ambiente externo é interpretada por Luhmann como um número ilimitado de possibilidades que ameaçam o sistema. Este modelo assemelha-se ao modelo de entropia de uma rede (1).

A par da complexidade está a redução. Este princípio correlaciona formalmente a teoria de Luhmann com a teoria dos sistemas e a análise de sistemas. No entanto, na interpretação de Luhmann, a redução significa uma mudança na qualidade do sistema ou dos seus subsistemas, não no sentido de simplificar o sistema, mas no sentido de reduzir as ligações externas e a complexidade externa para reduzir as ameaças à capacidade do sistema de as refletir e continuar a funcionar. Assim, Luhmann interpreta a redução não como um mecanismo de simplificação dos sistemas, mas como a base da racionalidade do comportamento e um fator de sobrevivência. Esta interpretação não existe na teoria geral dos sistemas, mas é bastante aceitável para o STS.

O próximo par de princípios relacionados é a reflexão e a auto-referência. Não existem tais categorias na teoria geral dos sistemas. Na interpretação de Luhmann, a reflexão significa auto-referência, ou seja, a interação do sistema com o ambiente externo. Na teoria de Luhmann, a própria auto-referência difere um pouco do significado geralmente aceite e significa auto-identificação, ou seja, a caraterização da interação interna dos blocos do sistema. Assim, este par de princípios liga a interação interna e externa no STS.

O terceiro par de princípios, tal como nos sistemas tecnológicos, é a diferenciação e a comunicação. A comunicação significa a transferência e o intercâmbio de informações. A diferenciação funcional consiste na distinção e isolamento dos subsistemas STS por funções externas e internas. A diferenciação externa baseia-se nas funções externas dos subsistemas. A diferenciação interna significa a diferenciação das relações entre as partes dos subsistemas. A diferenciação manifesta-se de forma dinâmica, o que é um dos sinais da autopoiese.

O princípio mais importante é o da autopoiese. É o princípio-chave e une os outros princípios. Luhmann destaca este princípio-chave como o princípio mais importante da auto-organização do sistema. É adotado por analogia com os sistemas biológicos. Luhmann não provou, mas acreditava que este princípio permite a qualquer sistema não vivo criar todas as partes disponíveis com base nos seus próprios recursos. No entendimento moderno, a autopoiese do STS corresponde à sua auto-organização e auto-desenvolvimento. Para um sistema tecnológico, esta propriedade é explicável, uma vez que é flexível e facilmente reconfigurável. Para o STS, a autopoiese é possível na presença de condições da sua interação com o ambiente externo e a inteligência humana. Ou seja, para o STlS a autopoiese é uma qualidade interna, enquanto para o STS é uma qualidade externa. Todos os princípios de Luhmann considerados são aplicáveis ao STS e ao STLS. O autodesenvolvimento significa alongar o ciclo de vida e aumentar a eficiência de qualquer sistema.

A peculiaridade dos STS típicos é o facto de não conterem elementos de auto-desenvolvimento em meios técnicos. Os elementos de auto-desenvolvimento aparecem apenas na informatização, intelectualização e natureza cognitiva dos STS.

O STS contém inteligência em blocos individuais "inteligentes" e na participação humana no trabalho. Por conseguinte, a autopoiese do STS é formada com base na síntese de modelos de auto-desenvolvimento de sistemas complexos e da inteligência humana. Em condições modernas, a autopoiese do STS tem as seguintes propriedades:

A capacidade de formar e desenvolver um modelo interno do mundo;

A capacidade de recuperar conhecimentos e produzir novos conhecimentos;

Capacidade de modelação;

Capacidade de gerar recursos próprios;

A capacidade de transformar o conhecimento tácito em conhecimento explícito;

Na presença da autopoiese, os blocos STS têm mais frequentemente uma inteligência externa e menos frequentemente uma inteligência interna. O bloco STS pode interagir com outros blocos através da inteligência externa. Vários lados podem realizar uma interação flexível com o ambiente externo. Na STS, ao contrário da STlS, não existem blocos inteligentes. A interação entre blocos no interior do STS baseia-se numa tecnologia fixa. A interação entre os blocos e o ambiente externo baseia-se na aplicação de uma interface que inclui inteligência humana.

Enquanto sistemas, os CPE são internamente menos flexíveis do que os STLS. No entanto, são mais adaptáveis ao ambiente externo do que os STLS. Isto é fácil de explicar. Um sistema ou dispositivo técnico pode ser utilizado para diferentes tarefas. que uma pessoa escolhe. Isso é flexibilidade externa. Mas as tecnologias dentro dos STS são aproximadamente as mesmas e têm pequenas variantes de modificação. Ao mesmo tempo, mesmo ao resolver uma tarefa STS, as suas tecnologias são capazes de se auto-desenvolver e melhorar internamente. Novas funções tecnológicas alvo podem surgir como resultado do auto-desenvolvimento do sistema. O auto-desenvolvimento do STS requer a sua renovação periódica.....

Voltando à teoria dos sistemas de Luhmann, é de notar que a autopoiese constitui um elo entre a teoria dos sistemas, a teoria da comunicação e a teoria da evolução. Neste contexto, uma classe de sistemas autopoiéticos é destacada no exterior, à qual se pode referir o CTS. No entanto, a autopoiese em STS e STLS é qualitativamente diferente.

Caracterização da CCC.

É possível identificar certos princípios e certas características dos sistemas técnicos complexos. O funcionamento dos STS modernos baseia-se nos seguintes princípios de sistema.

• princípio emergente, que significa a irredutibilidade das propriedades do STS à soma das propriedades dos seus blocos constituintes.

• o princípio da pertença funcional de cada elemento a um componente do sistema.

• o princípio da descrição estrutural do sistema sob a forma de blocos.

• o princípio da ligação reactiva do STS às influências ambientais.

Um sistema técnico complexo caracteriza-se pela dependência cognitiva;

Todos os blocos STS são controláveis com base na sua própria inteligência ou na inteligência externa. Cada bloco do sistema pode efetuar a interação de informações com outros blocos relacionados.

Cada bloco do sistema é capaz de se desenvolver ou auto-desenvolver. Além disso, através de cada bloco é possível influenciar outros blocos relacionados. O intercâmbio de informações entre blocos pode conter incertezas. Consequentemente, a assimetria de informação pode acumular-se entre blocos ao longo do tempo e a correspondência de informação pode ser quebrada. A presença de blocos com inteligência permite a adaptabilidade do STS e a sua autopoiese. O funcionamento do STS processa-se sob a possível contra-ação do ambiente externo.

Neste contexto, as funções de contra-ação ao ambiente externo são formadas no STS.

O STS tem as seguintes propriedades básicas: adaptabilidade, desenvoltura, capacidade de auto-organização, sustentabilidade, organização, inteligência e integridade.

A propriedade de adaptabilidade significa que a STS e os seus blocos podem estar em vários estados. O estado da STS é caracterizado pela soma das entropias laterais e das entropias intra-bloco. A auto-organização da STS exprime-se na sua capacidade de alterar as suas propriedades e de regressar a um estado estável quando a deixa sob influências externas

A integridade do STS exprime-se na sua capacidade de preservar as suas propriedades sistémicas. A descrição formal de um sistema organizacional e técnico complexo baseia-se no formalismo aplicado de descrição e grupos de unidades de informação que servem como linguagem.

Os blocos complementares entre si podem ser considerados como elementos de suportes de recursos STS. A complementaridade dos blocos e dos recursos de informação é uma das características distintivas do STS. A sua situação e posição de informação são importantes para a análise e gestão do STS.

Os sistemas técnicos complexos são uma fase do desenvolvimento dos sistemas complexos e pertencem mais ao domínio dos "grandes dados", "grandes gráficos", "grandes redes" do que ao domínio da teoria geral dos sistemas. Para descrever os sistemas complexos modernos e os sistemas técnicos complexos, é necessário escrever uma teoria dos sistemas complexos, que é qualitativamente diferente da teoria geral dos sistemas. Um exemplo desta diferença é o conceito de redução. Na teoria geral dos sistemas, a redução é um mecanismo para simplificar um modelo ou sistema como um sistema fechado. Na teoria dos sistemas sociais complexos, a redução é um mecanismo para reduzir as influências externas sobre o sistema como um sistema aberto. Os princípios de reflexão e auto-referência, comunicação e diferenciação, ausentes na teoria dos sistemas, são aplicáveis à teoria dos sistemas complexos. Por último, o conceito e o princípio da autopoiese são aplicáveis à teoria dos sistemas complexos, que é apresentado implicitamente na teoria dos sistemas e é mais pronunciado na teoria sinergética. De um modo geral, a teoria dos sistemas complexos aguarda uma análise e um desenvolvimento mais aprofundados. Os sistemas técnicos complexos são um tipo de sistemas que se enquadram na teoria dos sistemas complexos.

2.5 Sistema organizacional e técnico complexo

Os sistemas modernos de gestão e produção funcionam em situações mais complexas e dinâmicas do que nunca. A fonte da complexidade das situações é a variedade de acontecimentos e objectos inter-relacionados, bem como a velocidade crescente da informação e das interacções físicas. Isto impede a ligação objetiva de causas e efeitos e torna difícil prever as consequências das actividades. Isto leva ao facto de os sistemas técnicos "puros" ou os sistemas organizacionais não serem capazes de resolver problemas complexos que exigem a integração da inteligência humana no processo tecnológico.

Como resposta à exigência objetiva da realidade de resolver problemas complexos, surgiram os sistemas organizacionais e técnicos complexos, integrando: sistemas organizacionais complexos, sistemas tecnológicos complexos, sistemas técnicos complexos e sistemas distribuídos. Enquanto incluem sistemas tecnológicos e sistemas distribuídos.

Os sistemas organizacionais e técnicos complexos (COTS) são uma etapa na evolução dos sistemas complexos baseados na integração de sistemas mais simples. No entanto, a realização do seu potencial é mais complexa. Requer a integração de muitos factores de diferentes áreas de atividade. Alguns destes factores são intangíveis e difíceis de quantificar direta ou puramente.

É necessário responder a uma série de perguntas sobre o funcionamento desses sistemas de forma condicional ou associada. Por exemplo, qual a eficiência da utilização dos recursos de informação? É possível uma resposta condicional, tendo em conta um certo número de parâmetros conhecidos.

A questão do grau de adaptação de uma organização pode ser respondida comparativamente na presença de um grupo de outras organizações. A avaliação varia consoante a composição dos grupos de organizações ou sistemas que estão a ser comparados.

Ao analisar os SOTS, surge um novo conceito de factores complexos. Os factores complexos incluem diferentes combinações de factores qualitativos e quantitativos e contribuem significativamente para a solução eficaz de problemas complexos para os quais os factores "puros" não oferecem, em princípio, uma solução. As avaliações complexas são frequentemente efectuadas com base em métodos estereotipados ou precedentes. Os estereótipos e os precedentes são prerrogativas dos sistemas organizacionais, o que predispõe à designação desses sistemas como técnico-organizacionais, embora não seja exacta. Atualmente, os sistemas organizacionais-técnicos complexos estão a desenvolver-se intensamente. Como sistemas complexos, situam-se entre os sistemas automatizados, os sistemas cognitivos e os sistemas inteligentes. Em termos de escala, são classificados como sistemas complexos e grandes sistemas.

Características do SOTS enquanto sistema complexo. Devido à especificidade dos SOTS, estes permitem operar com características que não são aplicáveis a outros sistemas complexos. Embora sejam designados da mesma forma, diferem significativamente no decurso da atividade prática.

Para as grandes explorações e empresas, o principal aspeto do SOTS é o aspeto organizacional e de gestão. Para as grandes organizações de design, o principal é um resultado de design de elevada qualidade que satisfaça os requisitos que outros tipos de produtos semelhantes não têm.

Muitos sistemas organizacionais e técnicos complexos funcionam em condições de concorrência ou de oposição. Para esses SOTS, o principal objetivo é a vantagem competitiva, a superioridade competitiva, que se traduz em vitória.

Muitos sistemas organizacionais e técnicos complexos operam em condições de contrariar o ambiente externo e interferir com factores dissipativos. Nestas condições, o autodesenvolvimento do sistema é um fator obrigatório de sobrevivência e de realização de objectivos.

No âmbito da modelação da informação do SOTS, é necessário introduzir e utilizar o parâmetro vantagem da informação.

A vantagem completa (técnica, organizacional, tecnológica e emergente) dos SOOTS é constituída por um conjunto de vantagens locais do sistema em diferentes esferas de atividade: material, energética e de informação. É de salientar um conceito importante de vantagem emergente. Significa a presença de alguma singularidade no funcionamento do SOTS ou nos resultados do seu funcionamento, que proporciona inequivocamente a vantagem geral. Pode ser uma caraterística única do equipamento ou armamento, que não pode ser compensada por características quantitativas: número de efectivos, número de unidades técnicas, aumento do ciclo de vida do equipamento, etc.

A obtenção da vantagem da informação é uma condição prévia para a obtenção da vantagem geral e emergente. O fenómeno da vantagem da informação, que se manifesta através do aumento da eficácia e da sinergia das acções, foi descoberto pela primeira vez pelos militares. Atualmente, está associado à subsidiariedade da gestão e da organização.

Em sentido lato, o SOTS é entendido como um conjunto de elementos tecnológicos e intelectuais heterogéneos em relações e ligações dinâmicas entre si. No sistema, estes elementos formam integridade, unidade, possuem natureza emergente e criam condições para o auto-desenvolvimento.

O conteúdo dos elementos técnicos, tecnológicos e organizacionais de um SOTS pode variar em função da sua aplicação e dos seus objectivos. Na análise dos SOTS, é necessário distinguir o conceito de "sistema" como objeto técnico, o conceito de sistema como sistema de informação e o conceito de "sistema" como objeto formal.

O "objeto-sistema" caracteriza-se pela presença de: requisitos técnicos; documentação técnica e de trabalho; suporte de recursos, suporte organizacional, suporte técnico. O sistema de informação é caracterizado pela presença de: informação, procedimentos, suporte de software.

Um sistema concetual caracteriza-se pela presença de: suporte linguístico, justificação concetual. Um sistema formal caracteriza-se pela presença de: informação e suporte lógico, raciocínio lógico. O suporte linguístico e lógico implica a presença ou a utilização de linguagens formais ou lógicas. Uma linguagem inclui um alfabeto como um conjunto de unidades linguísticas. Para os modelos e objectos de informação, essas unidades são unidades de informação.

Os SOTS são divididos em elementos em função dos critérios de separabilidade. Os elementos podem igualmente ser combinados, de acordo com os critérios de associação, em componentes do sistema ou em subsistemas. É, pois, necessário definir os critérios de separabilidade e os critérios de associação para os SOTS.

Um elemento do sistema é um componente indivisível de acordo com o critério de separabilidade escolhido.

Componente do sistema - uma parte dos elementos integrados do sistema, selecionada com base no critério de unificação, que entra em determinadas relações com outras partes do sistema.

Um subsistema é uma parte de um sistema que inclui um grupo de partes que estão unidas, com base nos critérios de unificação, por um ou mais atributos funcionais. Um subsistema executa (resolve) de forma independente um grupo particular de tarefas.

Para a descrição formal dos *COTS*, utilizaremos o aparato da teoria dos sistemas [50, 51]. A definição formal tornar-se-á mais complexa à medida que a complexidade aumenta. Como primeira descrição, consideremos o sistema abstrato mais simples SYS como modelo

$$SYS = <E, C, R>, (10)$$

Na expressão (10) E é o conjunto de elementos do sistema; C é o conjunto de relações entre os elementos. R - conjunto de relações entre os elementos. Esta definição definiu o sistema como um conjunto de elementos que interagem entre si e com o ambiente. A segunda descrição inclui a estrutura do sistema

$$SYS = <Ps, Pr, Str, E, C, R>, (11)$$

em que Ps - totalidade dos subsistemas do sistema; Pr - totalidade das partes do sistema. Str - estrutura do sistema. E - conjunto de elementos do sistema; C - conjunto de ligações no sistema. R - conjunto de relações entre elementos, partes e subsistemas. Esta definição indica que o sistema é constituído por partes heterogéneas e tem uma estrutura. Se passarmos de um sistema abstrato para um sistema concreto, é necessário notar a presença de um objetivo. Nesta definição, acrescentemos à tupla já considerada o conjunto de objectivos G. Assim, o SOTS representa uma tupla da forma:

$$COTS = <Ps, Pr, Str, E, C, R, G>, (12)$$

Um sistema SOTS real pode ter um ou mais objectivos, ou seja, pode ter uma finalidade única ou múltipla [193-197]. Este modelo de sistema é um modelo de sistema fechado. Por conseguinte, a seguinte definição do sistema baseia-se numa tupla com a forma

$$COTS = <Ps, Pr, Str, E, C, R, G, int, out>, (13)$$

em que *int é um* conjunto de inputs e out é um conjunto de outputs do sistema. A presença de entradas e saídas do sistema separa o sistema do ambiente e permite modelar a interação informacional e física do sistema com o ambiente. Em muitos casos, é bastante difícil definir os limites do sistema em interação. Como critério para definir estes limites, pode escolher-se a força das ligações entre os elementos. Isto permite distinguir os elementos do sistema, determinar os elementos de fronteira (entrada e saída) e determinar os limites do sistema. O sistema só existe quando a força das ligações entre os elementos do sistema é mais forte do que a força das ligações com o ambiente. Nalguns casos, são utilizados os conceitos de sistema "fechado" (12) e "aberto" (13), o que implica a presença e a ausência de ligações com o ambiente. Os sistemas fechados podem ser considerados como uma abstração aplicada para fins de investigação.

Em alguns casos, é necessário ter em conta que o funcionamento do sistema ocorre num determinado intervalo de tempo - o intervalo do ciclo de vida do sistema (LC) [19-200]. Neste caso, são considerados os processos que ocorrem no sistema e no ambiente, e é tida em conta a dinâmica do funcionamento do sistema. A definição anterior deve ser complementada com o parâmetro LT do *ciclo de vida do sistema:*

$$COTS = <Ps, Pr, Str, E, C, R, G, int, out, AT >, (14)$$

Fora do intervalo $[0\text{-}AT]$, a expressão (14) está fora da região da verdade. Uma caraterística importante do SOTS é a inclusão de factores cognitivos no seu funcionamento. A inclusão do fator cognitivo *Cog* no sistema forma um SOTS completo, que pode ser descrito como

$$COTS = <Ps, Pr, Str, E, C, R, G, int, out, AT, Cog >, (15)$$

A expressão (15) descreve o modelo SOTS e mostra que o SOTS é uma evolução e uma complicação de um sistema complexo (expressões 10-14). Os objectos complexos, como uma empresa, uma autoridade pública, um fundo público, etc., são frequentemente considerados como um SOTS.

Partindo do facto de o SOTS ter a qualidade de emergente, não pode ser estudado apenas com base na análise das suas partes ou elementos. O estudo do sistema apenas pelo método de decomposição, ou seja, o método de decomposição do todo em partes, é insuficiente, pois reduz-se ao estudo apenas das suas partes separadas. O estudo estará completo quando for aplicado o método de integração, que permite sintetizar o todo a partir dos elementos do sistema. Esta abordagem garante a formação de uma visão holística do sistema e a sua análise completa. A Fig.2.3 mostra o diagrama estrutural do SOTS.

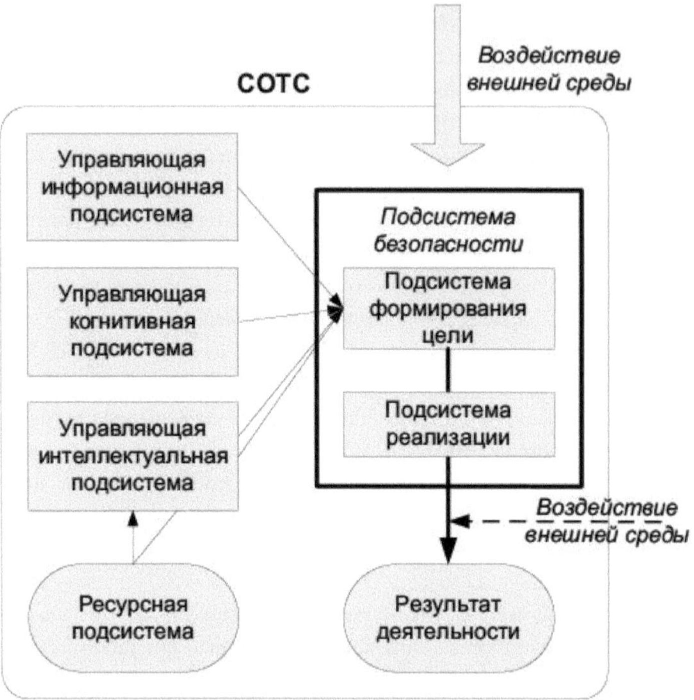

O duplo impacto do ambiente externo é digno de nota. Parte do impacto é eliminado pelo subsistema de segurança. Mas uma parte do impacto não é eliminada e afecta a realização da atividade do SOTS. Uma propriedade importante do SOTS é a sua ligação aos sistemas de informação e intelectuais. Esta ligação reflecte-se num tipo especial de gestão, que se designa por gestão inteligente da informação [201-205].

Avaliação das características comparativas dos COTS. É interessante obter avaliações comparativas dos SOTS para efeitos de avaliação comparativa entre si e de comparação interna. Um SOTS é simultaneamente um programa e um sistema técnico. Considerando o SOTS como um programa, é possível tentar estimar a sua complexidade com base no método de Halstead.

Vale a pena mencionar separadamente os métodos mais conhecidos: a métrica de Halstead [206], a métrica de Jilb [207], a complexidade ciclomática de McCabe [208]. Estas características baseiam-se na contagem quantitativa dos lexemas da língua em causa, bem como na estimativa da complexidade do gráfico do fluxo de controlo. De acordo com o ponto de vista de Halstead, um programa lexical é um conjunto subdividido em operadores e operandos. Ou seja, podemos considerar o SOTS como um conjunto de operadores e seus operandos associados. A métrica de

Halstead baseia-se na contagem destes conjuntos. O principal problema da análise é o que considerar como "operador" e o que considerar como "operando"? Os autores de [209] propõem que se considerem as variáveis, os parâmetros e as constantes como operandos e que se considerem os elementos sintácticos da linguagem e os nomes dos atributos desses elementos como operadores. Ao transferir estas ideias para o domínio da informação, as unidades de informação declarativas tornam-se operandos. Por conseguinte, as unidades de informação prescritivas podem ser consideradas como operadores. Os dados de entrada do método de Halstead são as seguintes características:

n_1 - número de operadores únicos que descrevem o modelo formal SOTS, incluindo nomes de funções, sinais de operações, bem como nomes de elementos, atributos e partes de valores de alguns atributos.

n_2 - número de operandos únicos que descrevem o modelo formal do SOTS,.

N_i - número total de operadores que ocorrem no código-fonte.

N_2 - número total de operandos que ocorrem no código fonte.

Todas as outras características são calculadas com base nos valores dos parâmetros acima referidos. O comprimento (N) do SOTS como programa P é calculado de acordo com a fórmula:

$$N = N_1 + N_2$$

O comprimento do descritor SOTS é definido como

$$n = n_1 + n_2$$

A duração informativa do programa é calculada pela fórmula

$$N' = n_1 log_2 n_1 + n_2 log_2 n_2$$

Mais tarde, foi desenvolvida uma expressão [212] que dá características de estimativa mais exactas no exemplo de algumas línguas. A fórmula de Jensen para o comprimento da informação de um programa é a seguinte

$$N' = (log_2 n_1)! + (log_2 n_2)!$$

O volume (V) de um programa (no nosso caso o SOTS) é definido por Halstead no seu livro [213] como: Uma métrica adequada para o tamanho de qualquer implementação de qualquer processo; O número de implementações possíveis de um processo. O parâmetro V é calculado através da seguinte fórmula:

$$V = N \, log_2 n$$

A caraterística "nível de qualidade do programa" pode ser transformada em "nível de qualidade SOTS" LP . Mostra a eficiência com que o código do programa ou a formalização do procedimento é executado. Este indicador é calculado da seguinte forma.

$$L_P = (2 \, n_2) / (n_1 \, N_2)$$

O critério LP reflecte o nível de eficiência da implementação do processo formal.

Sabe-se que o mesmo processo formal ou algoritmo pode ser realizado de diferentes formas. Por conseguinte, esta caraterística é aplicável à comparação entre dois algoritmos idênticos implementados na mesma linguagem formal utilizando abordagens diferentes. O valor de L_P está no intervalo $[0; 1]$. Se partirmos do princípio de que os processos formalizados são objeto de avaliação comparativa (para um único caso, isto é aceitável), então, neste caso, $LP = 1$. O pressuposto de um único nível de SOTS não contradiz as noções da métrica de Halstead.

A complexidade do SOTS, segundo Halstead, D é inversamente proporcional ao seu nível:

$$D = 1/L_P$$

Para um sistema organizacional e técnico complexo de referência, a complexidade é igual a 1. A caraterística "conteúdo informativo do programa" I permite estimar a complexidade intelectual do processo formalizado, independentemente da linguagem de formalização utilizada. Tem a forma de

$$I = V\,L_P$$

Utilização de SOTS para o controlo polivalente de objectos de transporte. O controlo com seleção de destino é um tipo de controlo complexo que surge na gestão de objectos de transporte. Um exemplo é a ocorrência de uma situação no processo de transporte de carga, quando é necessário alterar o itinerário de entrega da carga ou o transbordo de um modo de transporte para outro. A gestão multi-objetivo é multi-critério. Os conjuntos de critérios são frequentemente organizados de formas diferentes, o que conduz a uma escolha multivariada de objectivos.

A gestão multi-objetivo é uma gestão em que existem vários objectivos possíveis e em que a escolha de um determinado objetivo se baseia na situação da informação operacional [214-216]. A seleção de objectivos significa resolver o problema da entrega da carga desde o ponto de carga até ao ponto de descarga, com um critério de otimização variável. Por exemplo, no transporte de carga, podem existir situações com diferentes condições de otimização.

Hipótese 1: A otimização é a distância mínima entre o ponto de carga e o ponto de descarga.

Situação 2. Otimização - prazo de entrega mínimo.

Situação 3. Optimalidade - custo mínimo de entrega.

Situação 4. Otimização - minimizar o custo do aluguer do armazém.

Situação 5. Otimização - minimizar o risco do transporte de carga.

Vamos explicar alguns dos critérios. O caso 2 corresponde ao transporte num ambiente urbano, por exemplo, onde a existência de vários semáforos ou constrangimentos torna o transporte mais lento e aumenta os custos de inatividade. O caso 4 refere-se a quando um dos armazéns está a ficar sem stock e pode haver perdas devido à falta de mercadorias em stock e, consequentemente, à sua não chegada aos pontos de venda.

O caso 5 refere-se a uma situação anormal em que, por exemplo, devido a um acidente na via, o itinerário de transporte tem de ser significativamente alterado e o problema de otimização tem de ser resolvido novamente.

Assim, as situações 1-5 são exemplos da necessidade de uma gestão polivalente. Ao mesmo tempo, são possíveis muitas variantes e combinações de situações, que também exigem uma gestão polivalente. O ambiente externo tem um impacto sobre o objeto a gerir. No que se refere à alteração do objetivo, é possível avaliar os impactos do ambiente externo ou dos factores externos de acordo com dois critérios alternativos: significativo ou não significativo, de acordo com a escolha do objetivo [196].

Significativo por escolha do objetivo é um impacto no objeto que exige uma alteração do objetivo de gestão. O impacto sobre o objeto, que não exige uma alteração do objetivo, é designado por não significativo por escolha do objetivo. Em termos qualitativos, a escolha da gestão e a escolha do objetivo são efectuadas tendo em conta dois grupos de impactos: os causados por alterações no ambiente externo do objeto de controlo e os causados por alterações no estado do objeto de controlo.

A distinção entre um vetor de muitos objectivos e um vetor de metas deve também ser sublinhada. Um vetor de muitos objectivos é um vetor cujas componentes são parâmetros de diferentes objectivos. Um vetor de objectivos é um vetor cujas componentes são indicadores-chave de um objetivo. Os principais tipos de gestão multi-objetivo podem ser divididos em três grupos: vetorial, matricial e multidimensional.

O controlo multiobjectivo vetorial significa que existe um vetor de escolhas de objectivos com componentes (c_i) e um vetor de objectivos com componentes (T_i), entre os quais existe uma correspondência de um para um. Esta situação significa que o vetor de condições $|(c_i)>$ corresponde ao vetor de objectivos $|(T_i)>$. Este grupo de controlo multiobjectivo é descrito por meio de regras de seleção de objectivos de Ru e é designado por normativo.

$$Ru: \, if(C_i) \, then \, (T_i)$$

ou

$$Ru: \, Op1 \, | \, C_i > \, \rightarrow \, | \, T_i >$$

Neste caso, ambos os vectores têm a mesma variabilidade, ou seja, são covariáveis (ambos são vectores coluna). *Op1 é um* operador de transformação linear. Onde i=1, n; n é o número de objectivos. Das situações acima enumeradas, 1 a 5 incluem-se neste grupo, desde que o objetivo seja selecionado antes do início do transporte. Este tipo de controlo é o mais simples.

A gestão matricial multiobjectivo significa que existe um conjunto de condições para selecionar um objetivo (c_i) e *um conjunto de objectivos (T), um* conjunto de factores para alterar as condições de seleção dos objectivos (W_k). Esta situação leva ao facto de o conjunto de condições (c_i) e o conjunto de factores para alterar as condições de seleção de objectivos (W_k) corresponderem à matriz de objectivos (T_{ik}). A matriz de objectivos é formada como resultado do produto vetorial do vetor covariante c_i (vetor coluna) pelo vetor contravariante W_k (vetor linha). Ou seja

$$[T_{ik}] = \,\mid C_i > \, < W_k \mid$$

Recorde-se que o produto vetorial não é comutativo e que a multiplicação destes vectores na ordem inversa diminui a ordem e resulta numa quantidade escalar, ou seja

$$\Phi = \, <C_i \mid W_i>$$

O controlo multiobjectivo da matriz é descrito utilizando uma regra de seleção de objectivos diferente *Rum.*

$$Rum \ if(C_i) \ and \ (W_k) \ then \ (T_{ik})$$

ou

$$(C_i) \wedge (W_k) \rightarrow (T_{ik})$$

O segundo grupo de regras de seleção é uma matriz não estacionária. Exemplos deste tipo de controlo são a entrega de carga por veículos de transporte que têm em conta muitos factores. Durante o processo de entrega, o valor dos factores muda. Esses factores no processo de movimentação da carga não são estacionários. Por exemplo, quando a velocidade do veículo aumenta, a partir de um determinado valor, o consumo de combustível aumenta significativamente. Este facto aumenta o custo do transporte. A alteração dos custos pode levar a uma alteração da otimização do transporte, o que pode eventualmente levar a uma alteração dos objectivos.

Quando se viaja durante longos períodos de tempo ou quando a potência do motor é aumentada, bem como a temperaturas ambiente elevadas - o risco de sobreaquecimento e desgaste do motor aumenta. O sobreaquecimento do motor pode levar a períodos de inatividade e a custos adicionais com reparações, etc. Estes factores podem também levar a uma alteração dos objectivos.

Por conseguinte, em muitos casos, no transporte de mercadorias, é necessário considerar todos os factores relacionados de forma complexa, o que só é possível através de uma análise correlativa preliminar [217-219]. A tomada em consideração dos factores correlativos, incluindo os de natureza latente, permite ter em conta a dinâmica dos critérios de otimização e escolher o objetivo certo quando a situação se altera.

Por outras palavras, os factores-chave do vetor de objectivos, que são considerados estacionários e independentes na solução inicial do problema, podem influenciar-se mutuamente e tornar-se dependentes e não estacionários quando o estado do objeto muda ou o ambiente externo muda.

A não-estacionariedade não é descrita por uma função contínua, mas inclui um elemento de descontinuidade (discretude). A discretização dos critérios de otimização implica alterações discretas na otimização da solução do problema de controlo e a necessidade de passar de um tipo de solução para outro. Os factores inter-relacionados que influenciam a escolha do objetivo estão relacionados com a organização da cadeia de distribuição e a gestão desta cadeia. No entanto, não são considerados nos problemas logísticos clássicos, e os problemas logísticos são resolvidos principalmente em condições estacionárias e com a escolha de um único objetivo.

Considerando o controlo com seleção automática de alvos, deve notar-se que o controlo de acordo com as regras Ru requer a resolução de problemas do primeiro tipo. O controlo segundo as regras Rum exige a resolução de problemas do segundo tipo [220-222]. A solução do segundo tipo de problemas na gestão dos transportes só é possível com a utilização de SOTS. As salas de situação são um dos exemplos de SOTS.

A gestão multidimensional de alvos múltiplos significa que existe um conjunto de condições de seleção de alvos (c_i) e um conjunto de alvos *(T)*, *um* conjunto de grupos J de factores de alteração das condições de seleção de alvos (WJ_k). O valor *J* define a dimensionalidade do controlo. Com *J=1* temos um controlo matricial, com *J=2 temos um* cubo, com *J>2* temos um hipercubo. Esta situação leva a que o vetor de condições (c_i) e o conjunto de factores de alteração das condições de seleção dos objectivos

(W_k) corresponde ao cubo de objetivo multidimensional $(T_{ikl(j)})$. O cubo de objetivo multidimensional ou matriz polidimensional é formado como resultado do produto vetorial multidimensional. Este grupo de controlo multiobjectivo é descrito através das regras de seleção de objectivos *Ru3.*

$$Ru3 \ if(C_i) \ and \ (W0_k) \ and \ (W0_l) \ then \ (T_{ikl})$$

ou

$$(C_i) \wedge (W0_k) \wedge (W0_l) \rightarrow (T_{ikl})$$

Aqui, para simplificar, damos um exemplo de um cubo tridimensional, ou seja, três grupos de parâmetros que afectam o controlo e conduzem a uma alteração do objetivo. Dentro de cada grupo, os parâmetros são alternativos, mas em grupos diferentes complementam-se e aumentam a dimensionalidade da análise e da tomada de decisão.

Os sistemas organizacionais e técnicos complexos contam-se entre os sistemas complexos mais avançados. Permitem resolver tarefas de gestão dos transportes que não estão disponíveis noutros sistemas [223]. A análise mostrou que um sistema organizacional e técnico complexo é um sistema auto-organizado e dinâmico concebido para resolver problemas complexos, tendo em conta a escolha de vários objectivos. Os SOTS caracterizam-se por uma variabilidade admissível da estrutura e das funções desempenhadas, bem como pela utilização de complexos homem-máquina. Os elementos dos SOTS são autónomos no âmbito de um determinado sistema de regras.

É possível distinguir as principais direcções de desenvolvimento da aplicação do COTC na esfera dos transportes. A primeira direção está relacionada com o problema da análise qualitativa do DOTS. O agregado de avaliações qualitativas e quantitativas formará a base para avaliar a eficácia do SOTS. O desenvolvimento do SOTS está associado ao estudo e à utilização das regularidades do domínio da informação. Uma direção importante é o desenvolvimento de métodos de controlo cognitivo nas tecnologias SOTS. O problema do tratamento de grandes dados, grandes gráficos e grandes processos é essencial. O problema do estudo das regularidades da interação da informação, especialmente no processo "homem-máquina", é um fator necessário para o desenvolvimento dos SOTS. Enquanto sistema cognitivo, o SOTS exige a investigação da questão da transformação do conhecimento implícito. A base do desenvolvimento do SOTS é o estudo e a aplicação do modelo da situação da informação e dos modelos associados da vantagem da informação e da posição da informação. Uma direção importante do desenvolvimento do SOTS é a aplicação do método dos precedentes e do controlo heurístico [224] para análise e gestão. Esta direção é especialmente importante para a gestão dos transportes na gestão polivalente. O desenvolvimento do SOTS está ligado à análise de sistemas e ao desenvolvimento da teoria dos sistemas complexos.

2.6 Sistemas de dados complexos

Para além dos sistemas de informação, técnicos e tecnológicos, existem sistemas de dados que podem ser complexos e simples. Os sistemas de dados são baseados em ficheiros ou armazenados em bases de dados e repositórios.

Os sistemas de dados complexos estão associados ao problema dos "grandes dados". O problema dos grandes dados [75-78, 225-227] tem sido explicitamente discutido nos últimos 7-8 anos. Está essencialmente associado a grandes volumes de dados. A este problema juntam-se outros factores, como a necessidade de processar grandes volumes de dados mal estruturados e não estruturados. Formalmente, o aparecimento do termo é assinalado em 2008, com os trabalhos de Clifford Lynch - editor da revista Nature [228]. No entanto, este é apenas um reconhecimento deste problema na sociedade em geral. Os grandes volumes de dados têm aspectos positivos e negativos

O problema designado por big data foi encontrado pela primeira vez por especialistas no domínio da teledeteção da Terra há mais de 50 anos [229]. Os grandes volumes de informação vídeo [230] recebidos dos satélites excediam as capacidades dos sistemas informáticos da época. Mas este problema era altamente especializado, pois estava principalmente relacionado com o processamento de informação vídeo. Atualmente, este problema existe na exploração da Terra a partir do espaço [231-234], na exploração do espaço próximo da Terra [235] e na geoinformática espacial [236, 237]. De uma forma mais geral, o problema só se abriu nos últimos 20 anos aos analistas económicos e aos jornalistas. Isto levou a uma maior atenção a este fenómeno e ao aparecimento de um termo correspondente. Pode dizer-se que este problema é condicional enquanto complexidade condicional. Reflecte a impossibilidade de, numa determinada fase do desenvolvimento humano, processar condicionalmente grandes quantidades de dados ou dados condicionalmente complexos.

Os grandes volumes de dados caracterizam-se pelos chamados quatro V: Volume, Velocidade, Veracidade e Variedade, que podem acrescentar um valor significativo ao processamento de grandes volumes de dados. Converter os quatro V's dos grandes dados num quinto V (Valor) é um grande desafio para as capacidades computacionais existentes.

A tecnologia de computação em nuvem surgiu como um novo paradigma para o fornecimento de recursos informáticos como um serviço para satisfazer várias necessidades de processamento de dados através de: a) autosserviço a pedido; b) agrupamento de recursos; c) elasticidade (flexibilidade); d) acesso à rede de banda larga; e e) serviços medidos. A capacidade de fornecer capacidade de computação cria uma solução potencial para transformar os quatro V de grandes volumes de dados num quinto (Valor). No entanto, o desejo de simplificação exclui, nesta interpretação, o problema da complexidade que é central para todos os quatro e se cinco V's.

Ao trabalhar com grandes volumes de dados, temos de enfrentar as seguintes modificações deste problema: grandes volumes de dados, fluxos de dados intensificados, redução significativa do tempo aceitável para a análise de dados, limite de tempo para a tomada de decisões com grandes quantidades de dados, aumento da complexidade morfológica dos modelos, aumento da complexidade estrutural dos modelos e sistemas, aumento da complexidade computacional, crescimento relativo da informação de origem mal estruturada, crescimento relativo da informação difusa, necessidade crescente de pares de dados e procura crescente de análise de dados. Os desafios de lidar com os grandes volumes de dados estão resumidos no Quadro 2.1, que apresenta uma comparação qualitativa entre os dados normais e os grandes volumes de dados.

Quadro 2.1. Características comparativas dos grandes volumes de dados.

Caracterização	Dados ordinários	Grandes volumes de dados
Formato	Homogéneo	Heterogéneo
Âmbito de aplicação	Megabytes gigabytes gigabytes	Petabytes
Distribuição de dados	não	ter
Tipo de tarefa	Do primeiro tipo	Segundo tipo
Tipo de modelos solucionadores	Algorítmico	Estatística
Tipo	Simulação	Estocástico

modelação	modelação	
Complexidade topológica	Aceitável	Elevado
Informática recursos	Comum	Elevado capacidades

As aplicações orientadas para os grandes volumes de dados lidam com conjuntos de dados que têm volumes de informação até petabytes. Na prática, estes dados apresentam-se numa variedade de formatos e são frequentemente distribuídos por várias aplicações. O processamento de grandes volumes de dados ocorre normalmente num pipeline analítico de várias etapas, incluindo fases de transformação, processamento e integração dos dados processados.

Os requisitos de velocidade de computação aumentam normalmente de forma quase linear com o crescimento do volume de dados. Muitas vezes, esses cálculos são efectuados com base na paralelização preliminar dos dados e no subsequente processamento paralelo. Os principais problemas técnicos da grande computação incluem a gestão de dados, métodos de filtragem e integração de dados, apoio eficiente a consultas e distribuição de dados.

Deve sublinhar-se que o problema da distribuição dos dados coloca problemas mesmo que o volume não seja muito grande. Este facto motiva o desenvolvimento de modelos especiais de dados espaciais [238], que incluem a propriedade de distribuição no espaço.

A observação da Terra e a modelização por simulação geram diariamente tera a petobytes de dados [239]. Os métodos não tradicionais de recolha de dados geoespaciais, como as redes sociais [241], as conversas telefónicas [241] e os drones [242-244], produzem dados geoespaciais a taxas ainda mais elevadas. Para além do grande volume [245], os dados geoespaciais existem numa variedade (Variety) de formas e formatos para diferentes aplicações, a sua exatidão e incerteza (Veracity) estão repartidas por uma vasta gama e os dados são produzidos a grande velocidade (Velocity) por sensores em tempo real [246] .

As transformações desses dados colocam sérios desafios à gestão e ao acesso aos dados, à análise, ao desenvolvimento, à arquitetura do sistema e à modelização [247]. Por exemplo, o desafio é como lidar com a variedade e a validade dos grandes volumes de dados para criar um conjunto de dados unificado que possa ser utilizado num único sistema de apoio à decisão [248]. Outro desafio é a forma de lidar com a velocidade dos grandes volumes de dados, a fim de dispor de uma capacidade de computação expansível e extensível, independente das flutuações da transmissão de dados [249]. Os grandes dados geoespaciais colocam sérios desafios ao longo do seu ciclo de vida: armazenamento, acesso, gestão, análise, desenvolvimento e modelização.

A complexidade como fator de grandes volumes de dados. A particularidade do termo "complexidade" é o facto de ser uma entidade (ou atributo) relacionada com outra entidade. Este facto dá origem a diferentes tipos de complexidade. A expressão "complexidade dos grandes volumes de dados" exige a especificação da entidade em relação à qual a complexidade é avaliada. Caso contrário, a avaliação da complexidade será inadequada. As complexidades de entidades qualitativamente diferentes ou de atributos diferentes podem não ser comparáveis. Distinguem-se diferentes complexidades da mesma entidade:

* complexidade estrutural do objeto;
* A complexidade dos processos em que o objeto está envolvido [250];
* complexidade da obtenção de uma solução num tempo aceitável - complexidade temporal [251];
* complexidade devida à capacidade limitada de memória do sistema informático para grandes volumes de informação processada - complexidade capacitiva [252];
* dificuldade em determinar a posição no espaço

complexidade espacial do posicionamento;

* complexidade da forma do objeto - complexidade morfológica;
* complexidade da situação em que o objeto se encontra - complexidade situacional;
* complexidade da posição em que o objeto se encontra - complexidade posicional;
* complexidade da descodificação de objectos - complexidade criptográfica.
* a complexidade da descrição do fenómeno com o qual o objeto está inter-relacionado;
* complexidade da teoria que descreve o comportamento do objeto, etc.

Assim, para completar o estudo, podemos falar de "complexidade generalizada" do objeto e de "complexidade de atributos"

Características gerais dos grandes volumes de dados. O critério dos "três V" é frequentemente utilizado para caraterizar os "grandes dados": *volume* (*volume -v1*), *velocidade (velocidade - v2*), variedade (*variedade- v3*), a que se junta a complexidade [5, 198] (*covplex -c* 1).

Na sua forma pura, o problema dos grandes volumes de dados surge na criação e manutenção de mapas multiescala [252]. O critério *v1* aparece nas ciências da Terra quando se armazenam ficheiros de gigabytes e terrabytes. Ocorre quando se trabalha com mapas multiescala e bancos de dados espaciais. O critério *v2* manifesta-se nas ciências da Terra quando se equacionam grandes sistemas de equações. Este critério também se manifesta no controlo operacional de objectos em movimento. O critério *v3 manifesta-se nas* ciências da terra na modelação de sistemas complexos [253] de grande cobertura espacial. Manifesta-se também na análise semiótica de objectos de informação [254]. O critério *c* 1 aparece nas ciências da Terra na análise topológica de redes complexas de transporte e outras redes [255].

A emergência do problema dos grandes volumes de dados pode ser vista como um reflexo dos processos de globalização. A análise de grandes volumes de dados exige o envolvimento de tecnologias e meios de implementação de computação de alto desempenho. Os principais factores do problema são, em primeiro lugar, a complexidade e, em segundo lugar, o volume físico da recolha de informações. Os grandes volumes de dados criam problemas na formação de recursos de informação a partir desses dados. Na sua essência, os grandes volumes de dados são uma nova forma de barreira à informação.

Os grandes dados são qualitativamente diferentes dos dados normais, na medida em que criam uma lacuna semântica no seu tratamento e análise. Os grandes dados, por um lado, determinam a formulação e a solução de novos problemas [256]. Por outro lado, provocam o desenvolvimento de sistemas e tecnologias integrados e complexos. A atenção exagerada aos "grandes dados" por parte dos jornalistas e dos homens de negócios é causada pela falta de prática em ultrapassar as barreiras da informação e considerar este fenómeno como completamente novo, embora apareça periodicamente no desenvolvimento da humanidade e "novo" não seja o fenómeno em si, mas uma "nova qualidade" de um fenómeno conhecido. Do ponto de vista cognitivo, a superação da barreira da informação "big data" contribui para o desenvolvimento da cognição do mundo circundante e para a construção da sua imagem holística.

2.7 Sistemas ciberfísicos e gestão centrada nas redes

O problema dos grandes volumes de dados é apenas o seu processamento primário e a extração do seu valor. O problema mais importante é a geração de novos conhecimentos. Daí o problema da transformação automática de dados "empíricos" em conhecimento. Uma abordagem analítica é a análise latente [257-259]. No entanto, produz resultados sobre amostras estatísticas ou empíricas relativamente simples. Com a complexidade crescente dos sistemas, com a escala cada vez maior do

No caso dos sistemas distribuídos que necessitam de gestão, é necessário aplicar abordagens fundamentalmente novas, porque os métodos conhecidos - gestão hierárquica, gestão matricial [260], gestão situacional [261-265] e simples gestão centrada na rede - não dão o resultado desejado. Este problema é agravado pelo problema dos grandes volumes de dados (gigabytes e terabytes) e por um grande número de ligações em crescimento exponencial.

Até à data, tem sido dada pouca atenção às questões relacionadas com a modelação inteligente das redes. Esta situação está relacionada, em primeiro lugar, com a tradição de aplicação - as redes eram consideradas como meios de telecomunicação, mas não de computação e, mais ainda, de análise intelectual. Esta situação está também relacionada com a metodologia de aplicação das redes - os ciclos e os processos assíncronos eram considerados fenómenos indesejáveis. Esta situação está relacionada com a metodologia de organização dos fluxos nas redes - construíram-se sobretudo modelos de fluxos de informação sequenciais e o paralelismo foi considerado um fenómeno indesejável que conduz à instabilidade, à diminuição da controlabilidade e à perda de fiabilidade [266].

Por outro lado, a aplicação de uma modelação inteligente intra-rede pode aumentar significativamente a eficiência dos sistemas distribuídos e permitir o seu funcionamento na resolução de "problemas insolúveis". Uma das novas abordagens para resolver os problemas e tarefas mencionados é a aplicação de sistemas ciber-físicos e de métodos de controlo ciber-físicos. Muito se tem escrito sobre os sistemas ciber-físicos. Mas pouco se tem escrito sobre o controlo ciber-físico. Isto deve-se ao facto de o controlo ciber-físico ser uma modificação do controlo centrado na rede, que não é conhecido por muitas pessoas.

Desenvolvimento de sistemas ciber-físicos. Os sistemas ciber-físicos surgiram como resultado da evolução e do desenvolvimento de meios técnicos e tecnológicos [267-269]. A Fig.2.4 mostra o esquema da evolução do sistema ciber-físico e as suas capacidades funcionais. A parte superior do esquema reflecte as características da evolução dos sistemas. A parte inferior do esquema mostra as características tecnológicas distintivas dos sistemas ciber-físicos. O aparecimento do sistema ciberfísico foi precedido pela criação de uma série de sistemas específicos, dos quais o mais significativo é a tecnologia da Internet das coisas.

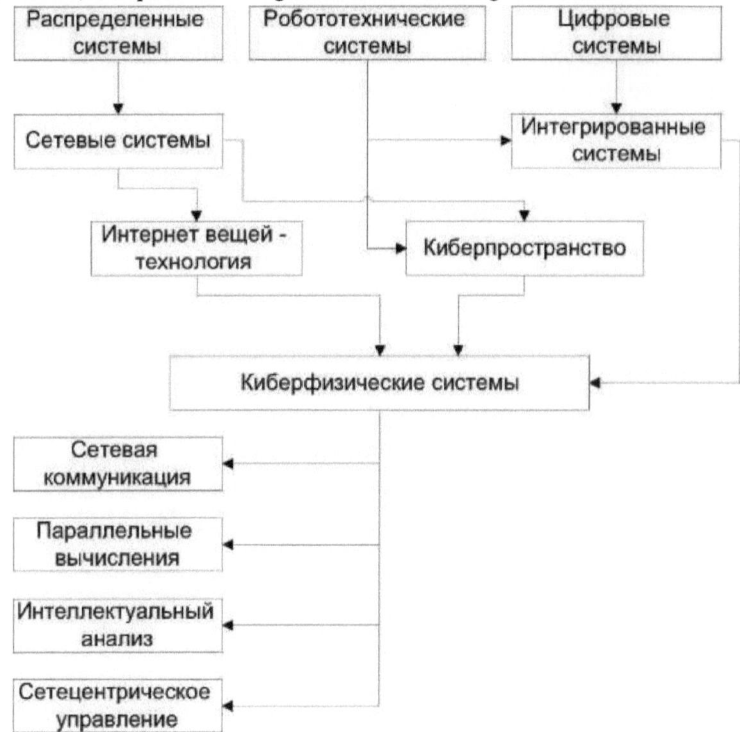

Fig.2.4 Esquema da evolução do sistema ciber-físico e das suas capacidades funcionais.

A Internet das Coisas (IoT) é uma tecnologia em que qualquer objeto físico pode ser ligado a qualquer outro objeto físico. Ao mesmo tempo, a ligação em rede nesta tecnologia difere significativamente da tecnologia habitual de redes de telecomunicações. As principais funções das tecnologias de redes de telecomunicações são a transferência e o intercâmbio de informações [270]. Nos sistemas ciber-físicos, estas funções são auxiliares. As principais funções dos sistemas ciber-físicos são o processamento da informação (incluindo o processamento paralelo e tensorial), a análise inteligente e o controlo. O controlo nos sistemas ciber-físicos é tipicamente centrado na rede ou subsidiário [271275]. O controlo baseia-se na comunicação em rede, na computação paralela e na análise inteligente.

Os sistemas ciber-físicos são particularmente importantes para os sistemas de automação e controlo distribuídos em grande escala, como os utilizados em infra-estruturas críticas para o fornecimento de calor e eletricidade, a segurança da informação, etc. Os sistemas ciber-físicos são a base da indústria inteligente do futuro. Um dos principais objectivos do desenvolvimento de sistemas de controlo e automação na Rússia, e em todo o mundo, é conseguir CPS totalmente autónomos, inteligentes e seguros já em 2030. Isto só é possível com o desenvolvimento do controlo centrado na rede (subsidiário) a um novo nível qualitativo.

Até à data, não existe uma definição formal e rigorosa do conceito de sistema ciber-físico, embora vários trabalhos tenham formulado as propriedades características desses sistemas. Podemos definir um sistema ciber-físico como um sistema técnico complexo distribuído com nós inteligentes ou um sistema aplicado distribuído com nós inteligentes, cujo princípio de funcionamento inclui a sua decomposição em componentes individuais. Por estrutura de um sistema ciber-físico entendemos a sua organização de componentes e elementos distribuídos, para os quais são especificados os métodos de interação da informação entre si e com o ambiente, a distribuição das funções estruturais desempenhadas pelo sistema e os princípios de tomada de decisões e gestão subsidiárias.

O conceito de funções estruturais é uma das características dos sistemas ciber-físicos. Outras peculiaridades destes sistemas são o paralelismo possível dos fluxos de informação, a possibilidade de tomada de decisões assíncronas, a presença de processos especiais de harmonização da informação, a combinação de controlo síncrono e assíncrono, etc.

Uma questão importante que requer uma resolução rápida para os sistemas ciber-físicos é a formalização dos fluxos de harmonização e a formação de algoritmos paralelos na estrutura do sistema ciber-físico para otimizar o controlo centrado na rede.

Princípios do controlo através de sistemas ciber-físicos. A figura 2.5 mostra os princípios que regem o controlo nos sistemas ciber-físicos

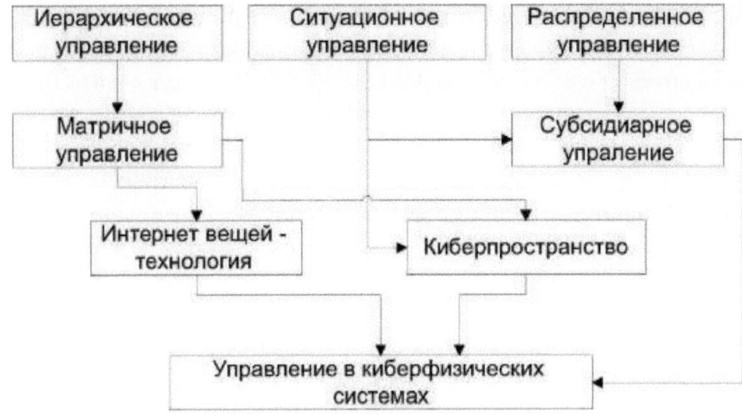

Fig.2.5 Princípios que modelam o controlo em ciber-física

sistemas.

Os sistemas ciber-físicos com gestão subsidiária devem ser dotados de nós inteligentes, o que constitui um novo conceito para os sistemas de comunicação e de gestão, incluindo os sistemas organizacionais e técnicos. Os seus princípios incluem princípios de gestão hierárquica, princípios de gestão matricial e princípios de gestão subsidiária (centrada na rede). A gestão subsidiária e a gestão centrada na rede são funcionalmente sinónimas. Mas, estruturalmente, a subsidiariedade pode ser diferente e não apenas centrada na rede.

Protótipos de controlo ciber-físico. Para comparação com o controlo ciber-físico, a figura 2.6 mostra a estrutura do controlo hierárquico.

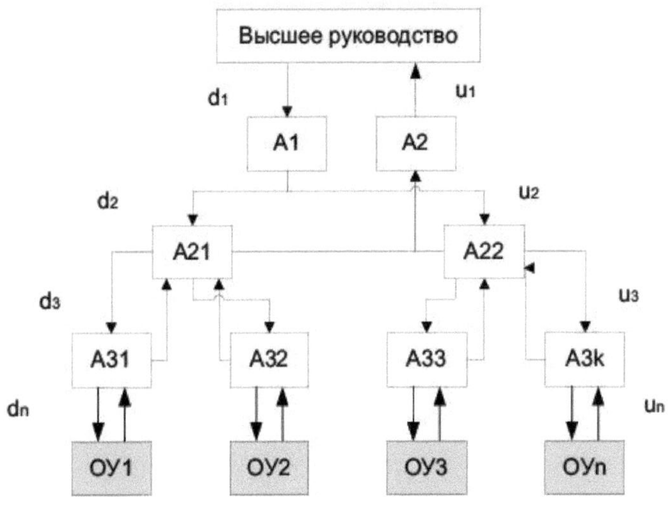

Fig.2.6 Esquema principal da gestão hierárquica

O princípio da gestão hierárquica moderna é a presença de duas sedes na direção de topo: A1 - sede para enviar e regular a documentação executiva; A2 - sede para receber e processar a documentação de informação. O diagrama mostra os fluxos: d - fluxos descendentes; u - fluxos ascendentes. A peculiaridade da gestão hierárquica é o número de elementos do sistema hierárquico com o aumento do número de níveis. Por conseguinte, conduz ao aumento do número e da intensidade dos fluxos de informação. Mas o principal é que, com um grande número de níveis, o tempo total para passar os fluxos de directivas (descendentes) e de relatórios (ascendentes) aumenta significativamente. É o aumento do tempo de circulação dos fluxos descendentes e ascendentes que exclui a possibilidade de utilizar a gestão hierárquica em situações com requisitos críticos para o tempo de tomada de decisões e em empresas com um grande número de filiais. Esta desvantagem é parcialmente eliminada pelo sistema de gestão matricial [260], cuja estrutura é apresentada na Fig. 2.7.

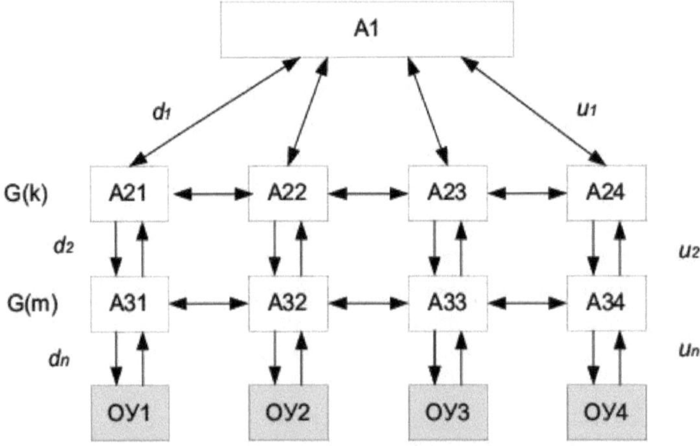

Fig.2.7 Estrutura de gestão matricial

Deve dizer-se imediatamente que o controlo matricial é condicional, porque contém níveis hierárquicos e é essencialmente uma modificação do controlo hierárquico. Ou seja, é descrito "não por uma matriz pura", mas por uma matriz com níveis hierárquicos e um maior número de elementos em comparação com o esquema hierárquico da Fig. 3.

A matriz tem dimensão $m \times n$, onde n é o número de níveis, m é o número máximo de elementos no nível inferior. Uma nova caraterística do controlo matricial é a diferença em relação ao esquema da Fig. 2.6, que consiste no facto de no esquema matricial aparecerem fluxos horizontais reguladores G, ligando os elementos do nível. Ao mesmo tempo, apesar do maior número de níveis, o tempo de controlo neste esquema é mais curto do que no esquema da Fig. 3. Os fluxos de regulação reduzem a carga sobre a gestão, aliviam em primeiro lugar os fluxos ascendentes e reduzem o tempo total de tomada de decisão.

Gestão ciber-física. Saltando o esquema de governação centrada na rede, passemos diretamente à governação ciberfísica, que é apresentada na Fig. 2.8. Note-se que a sua base é a governação subsidiária. A governação ciber-física tem uma governação subsidiária integrada, que é tecnologicamente idêntica à governação ciber-física. A diferença reside nos novos nós, que não são aplicados na gestão da subsidiariedade clássica.

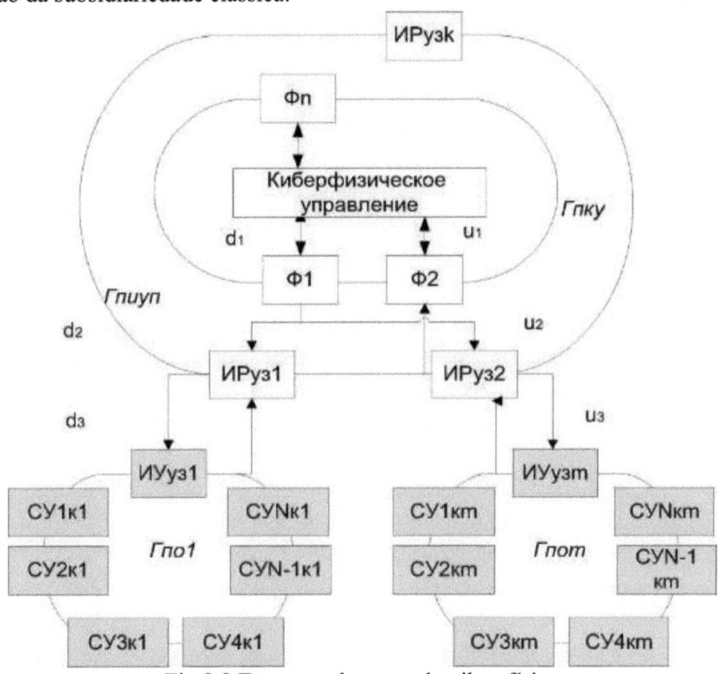

Fig.2.8 Esquema do controlo ciber-físico

O controlo ciber-físico é construído de forma centrada na rede. No centro (Fig. 5) está o núcleo de controlo. As ligações e os níveis de controlo divergem ao longo dos círculos concêntricos. Em comparação com o sistema matricial, neste esquema os níveis matriciais são fechados. Os fluxos de harmonização funcionam nestes níveis fechados: Giku - fluxos de harmonização da governação empresarial. Gpyup - fluxo de harmonização dos nós intelectuais. F - ramos da empresa, ou grandes nós da rede. Sob os ramos existem nós intelectuais de realização de decisões. Neles, a transformação das decisões de gestão é efectuada em relação à situação de informação externa. Estes nós estão ligados por fluxos de informação do Gpyup, que trocam experiências na resolução de problemas para diferentes situações externas. A troca de experiências é efectuada tanto a pedido como por meio de informação.

A chave do esquema é a presença de unidades inteligentes (IUU) de controlo operacional ou unidades inteligentes de controlo cíclico. Ao contrário dos esquemas da Fig. 2.6 e da Fig. 2.7, em que o nó inferior é um mecanismo isolado, neste esquema vários actuadores estão articulados no nível inferior, o que aumenta a escala de controlo no nível inferior numa ordem de grandeza em comparação com o esquema matricial. Neste circuito circula o fluxo harmonizador de controlo operacional Gpo, que desempenha funções de regulação em relação ao processo de controlo e aos objectos de controlo.

No caso, por exemplo, da segurança da informação, este sistema cíclico (ISUZ) bloqueia o acesso ao núcleo do sistema a partir do exterior e aos níveis subsequentes. Esta possibilidade só surge com nós inteligentes.

Um dos problemas urgentes que poderiam ser resolvidos com a ajuda desta modelização inteligente é a deteção em tempo real de desvios no funcionamento de um sistema controlado causados por um ciberataque e a subsequente eliminação do efeito negativo. Os ciberataques modernos não só conduzem à fuga de dados confidenciais e a perdas financeiras, mas também a acidentes industriais e a catástrofes provocadas pelo homem.

A gestão centrada nas redes, que se desenvolve de forma independente, tornou-se a base da gestão dos sistemas ciber-físicos. A integração do controlo centrado nas redes e dos sistemas ciber-físicos levou à criação do controlo ciber-físico. A aplicação de uma abordagem centrada na rede a uma classe de sistemas ciber-físicos permite funções e serviços adicionais no âmbito da tecnologia de objectos robóticos [276]. As características distintivas dos sistemas ciber-físicos são o paralelismo admissível dos fluxos de informação, a possibilidade de tomada de decisões assíncrona, a presença de processos especiais de harmonização da informação, a combinação de controlo síncrono e assíncrono, etc. Uma diferença fundamental é a inclusão de nós inteligentes de processamento da informação na rede e o desempenho do processamento inteligente da informação. Isto transforma a rede de um sistema de comunicação num sistema intelectual e torna-a semelhante a uma rede neural "aberta". A aplicação de sistemas ciber-físicos é possível com e sem controlo centrado na rede. A combinação destes objectos cria um efeito sinergético e contribui para aumentar a eficiência dos sistemas ciber-físicos.

3. Sistemas condicionalmente complexos

Os sistemas condicionalmente complexos são sistemas que são simples em determinadas condições e que, noutras condições, passam à categoria de complexos.

3.1. Sistemas ergonómicos

Existem diferentes tipos de sistemas complexos. Aos sistemas anteriormente considerados podem juntar-se os seguintes: vivos [277], em rede [278], algorítmicos [279], cibernéticos e outros. Regra geral, muitos sistemas são regulados ou controlados com a participação humana. Um sistema ergonómico é um sistema de interação humana com a realidade externa que utiliza um fator cognitivo. Por esta razão, um sistema ergonómico não é idêntico a um sistema homem-máquina. A classificação dos sistemas ergonómicos pode ser efectuada de acordo com uma série de características. De acordo com a sua função principal, dividem-se em sistemas ergonómicos de controlo, gestão, pesquisa, recuperação e formação. Para um sistema ergonómico de controlo (EGS), os sinais de saída do operador não podem ser introduzidos no sistema controlado. O operador do sistema ergativo de controlo é incluído no sistema através de um esquema paralelo. É o caso do piloto automático ou do controlo de velocidade de cruzeiro.

Um sistema ergonómico pode ser simples - controlo de um veículo. O sistema ergonómico pode ser complexo - controlo numa sala de situação, controlo num centro de controlo de uma missão espacial.

A principal função do operador neste tipo de SGE é o controlo, a observação do sistema, a medição dos seus parâmetros, etc. No sistema de controlo, o operador torna-se um participante direto no cumprimento da tarefa do sistema e é incluído no sistema em sequência com os elementos técnicos do sistema. Trata-se de um condutor de uma locomotiva eléctrica ou de um autocarro. A principal função do operador é a regulação, o controlo, a estabilização e a aproximação das coordenadas da saída do sistema ao seu valor definido. Este sistema é fechado através do operador.

É necessário distinguir entidades qualitativamente diferentes: sistemas erráticos [280] ergódicos [281]. O sistema errático é um sistema de interação entre uma pessoa e a realidade externa, ou seja, um sistema do tipo "sujeito - objeto". Por exemplo, "homem - máquina", "homem - técnica - ambiente", "homem - interface - computador", etc. Existe um conceito de função errática. Uma função errática é qualquer função que caracteriza um determinado sistema errático (função do trabalho ou função dos meios de trabalho). A motivação para a aplicação de sistemas erráticos é a eliminação da incerteza da informação [282] através de métodos cognitivos.

Os sistemas organizacionais e os sistemas ergonómicos têm uma relação. Existe um número bastante grande de trabalhos sobre sistemas organizacionais, nos quais um sistema organizacional é considerado como uma totalidade organizacional, com uma presença caraterística de atributos. Os autores destes trabalhos consideram um sistema organizacional não como um sistema complexo, mas como um agregado, que pode ou não incluir características sistémicas. Ou seja, tal sistema organizacional não possui a propriedade de integridade e sistematicidade. O conceito desta abordagem é que o sistema organizacional é um sistema complexo específico. Tal como referido no segundo capítulo, o sistema organizacional é, em primeiro lugar, um sistema complexo ligado a outros sistemas complexos e, em segundo lugar, um sistema especial.

Abordagem sistémica para a análise de um sistema ergonómico. A abordagem sistémica constitui uma direção fundamental da investigação científica. O objeto da análise sistémica são os métodos de investigação sistémica do mundo circundante. A abordagem sistémica é a base para a construção de uma imagem do mundo. Metodologicamente, a abordagem sistémica é considerada como uma doutrina de objectos materiais e abstractos de várias finalidades, cuja base para a representação e interpretação é o conceito de "sistema". Num sentido restrito, um sistema complexo é entendido como um conjunto de elementos em relações e ligações estáveis entre si, que formam uma integridade e uma unidade. Em sentido lato, um sistema complexo é entendido como um conjunto de vários objectos relacionados: partes, elementos, recursos, processos. A totalidade dos objectos de um sistema complexo forma uma estrutura estável. Os objectos, que constituem o sistema, estão ligados e em relação. A totalidade dos objectos do sistema caracteriza-se pela sua integridade e unidade. Os sistemas complexos têm a propriedade de serem emergentes, o que se exprime na irredutibilidade das propriedades do sistema à soma das propriedades das suas partes.

A utilização do conceito de "sistema" permite obter um conhecimento holístico como um sistema de conhecimentos. A utilização da abordagem sistémica permite identificar leis e regularidades objectivas. A utilização da abordagem sistémica permite aplicar as leis e regularidades identificadas para criar modelos e novos sistemas. A descrição do sistema tem elementos de abstração e permite diferentes realizações do sistema. A descrição do sistema, enquanto generalização, permite comparar diferentes sistemas existentes com base em características semelhantes.

O termo "sistemas organizacionais complexos" é introduzido como uma alternativa ao termo "sistemas organizacionais", que carece de sistematicidade. É possível introduzir o termo sistema ergonómico complexo, que inclui muitos sistemas ergonómicos simples. Um sistema ergonómico complexo (SES) é, antes de mais, um sistema complexo com as propriedades de integridade e natureza emergente. O carácter emergente do SES tem duas componentes: técnica e humana. Esta é uma diferença fundamental entre os sistemas organizacionais e ergonómicos complexos e os outros. A emergencialidade técnica nos SES é a mesma que noutros sistemas que contêm tecnologia. A emergencialidade humana deve-se à presença da inteligência, do espaço cognitivo e do capital humano. Se uma organização dispõe de uma inteligência humana única, isso cria uma vantagem para essa organização em relação às outras. Por conseguinte, qualitativamente, um sistema emergente depende da inteligência humana. É o emergentismo humano, ou seja, a irredutibilidade do talento humano aos recursos humanos.

Os sistemas organizacionais complexos são complementados por alguns componentes relacionados com o sistema operativo. Trata-se do fluxo de documentos electrónicos, que aumenta a eficiência da interação de informações entre os participantes no sistema e fornece avaliações mais objectivas da interação.

Importa sublinhar que os sistemas ergonómicos modernos não são constituídos apenas por pessoal. Incluem vários sistemas de apoio à informação e, em particular, vários sistemas de informação. O sistema de informação do pessoal cumpre as funções de contabilidade, controlo e registo objetivo das actividades dos trabalhadores. A tecnologia da informação aumenta a consciencialização e a capacidade de resposta. Base de informação, que cumpre as funções de informação, formação e acumulação de experiência. A acumulação da experiência de trabalho dos trabalhadores cria um efeito emergente, uma vez que dá a oportunidade de transformar a experiência como conhecimento tácito em novo conhecimento explícito. A base do apoio ao SES é o sistema de informação.

Para além da utilização da experiência subjectiva e do conhecimento dos especialistas na tomada de decisões de gestão, são utilizados métodos analíticos de análise da situação e de previsão com uma ampla utilização de software. Por sistema ergonómico complexo entendemos um complexo, que inclui complementarmente componentes qualitativamente diferentes: sujeitos, meios de informação, recursos humanos e de informação, formando uma estrutura, estando em ligações e relações, formando integridade e unidade, e possuindo a qualidade de emergência, que não é inerente aos participantes individuais do sistema.

Características dos sistemas ergonómicos. Um sistema ergonómico complexo moderno pode interagir com outros sistemas. Do ponto de vista da organização, dois sistemas estão mais estreitamente relacionados com o sistema ergonómico complexo do que outros sistemas: o sistema organizacional e técnico complexo e o sistema homem-máquina do SGA. O sistema organizacional e técnico é um supersistema para o SGA, enquanto o sistema ergonómico está mais frequentemente integrado no SGA.

Um sistema ergonómico pertence à classe dos sistemas homem-máquina, mas não é idêntico a eles. É um tipo especial de sistema complexo. Um sistema homem-máquina normal baseia-se no processo de interação técnica ou processual de um operador com um sistema técnico ou com um sistema informático. Esta interação é modelada pelo paradigma "situação instrutiva - instrução - acções técnicas instrutivas". Este paradigma é bem descrito por um algoritmo de primeira ordem ou por sistemas determinísticos.

O sistema ergonómico é um sistema de interação cognitiva entre uma pessoa e a realidade externa, ou seja, um sistema do tipo "sujeito-objeto". Por exemplo, "homem - máquina", "homem - tecnologia - ambiente", "homem - interface -

computador", etc. Esta interação é modelada pelo paradigma "situação instrutiva ou não instrutiva - instrução e regras de decisão - acções cognitivas instrutivas". Este paradigma corresponde aos "smart systems" ou sistemas inteligentes. Assim. Os sistemas ergonómicos ocupam um nível de intelectualização mais elevado do que os sistemas homem-máquina convencionais.

Existe um conceito de função ergonómica. Uma função ergonómica é qualquer função que caracteriza um determinado sistema ergonómico (função do trabalho ou função dos meios de trabalho). Um sistema ergonómico é um sistema holístico e sistémico complexo "homem-máquina", que combina componentes qualitativamente heterogéneos - sistemas humanos e técnicos.

Para um sistema ergonómico, o conceito de complementaridade dos componentes é aplicável. Ao contrário do FM, os sistemas ergonómicos são mais diversificados. Por exemplo, o sistema ergonómico "comandante de navio - instrumentos, controlos - aeronave" e o sistema ergonómico "navegador-radiador - equipamento de rádio da aeronave" estão interligados e subordinados ao sistema ergonómico complexo comum "aeronave que executa uma missão", que é servido por uma série de outros sistemas e complexos terrestres, que também são sistemas ergonómicos. Como qualquer sistema, um sistema ergonómico precisa de informação, ou seja, tem uma necessidade de informação. A peculiaridade da necessidade de informação de um sistema ergonómico reside na dualidade da necessidade de informação [163]. Um ser humano tem necessidade de informação e um sistema técnico tem necessidade de informação.

Por objetivo funcional, os sistemas ergonómicos dividem-se em: formação, controlo, busca, recuperação, análise, etc. A diversidade de tipos de sistemas determina a diversidade de tipos de necessidades para estes sistemas. Ao mesmo tempo, é possível criar modelos conceptuais comuns de necessidades, que podem ter diferentes realizações e diferentes qualidades.

Os sistemas ergativos são erradamente identificados com os sistemas homem-máquina (HMS). Os sistemas HMS têm duas ligações e são relativamente simples. Têm um pequeno número de processos: interactivos e de processamento da máquina. Os sistemas ergativos são multi-ligados e complexos. Têm um grande número de processos diversos que contêm vários níveis de hierarquia. Infelizmente, a teoria dos processos ergativos aplicada ao processamento informático não foi desenvolvida. As primeiras teorias dos sistemas ergativos estavam relacionadas com os sistemas técnicos. Não podem ser totalmente aplicadas para descrever os sistemas ergonómicos informáticos. Por conseguinte, a direção dos sistemas ergativos informáticos exige investigação e desenvolvimento

Princípios de organização dos sistemas erráticos. Os sistemas erráticos simples não são uma correspondência completa dos sistemas complexos. No entanto, representam uma base que, no seu desenvolvimento, conduz a um sistema complexo. Um sistema errático complexo é um sistema de associação de sujeitos, meios técnicos e de informação, que implementam conjuntamente um determinado programa e actuam com base em regras acordadas. A presença de normas de atividade e de normas processuais regula a atividade conjunta dos participantes do SES e é um fator de ligação do sistema. Os SES têm uma hierarquia e uma estrutura internas. No entanto, os SES modernos utilizam necessariamente as tecnologias da informação e os fluxos de informação como uma base de ligação que aumenta a eficiência do sistema. O SES adquire estas propriedades devido a um conjunto de processos ou acções que conduzem à formação e melhoria das inter-relações entre as partes do todo.

Considera-se que o conjunto de procedimentos, leis e regras normativas que regulam a interação dos participantes no SES define o mecanismo de interação dos participantes e o funcionamento de todo o sistema. Os mecanismos de funcionamento e gestão do SES não são rigidamente estabelecidos e podem mudar de sistema para sistema. Isto requer o envolvimento do domínio cognitivo do sujeito. As capacidades e os recursos do SES dependem das competências dos participantes. Por conseguinte, a modelização de um sistema deste tipo contém elementos de análise bi-hovarística, uma vez que o comportamento das pessoas depende da sua motivação momentânea e pode mudar em função de factores mentais e psicofísicos. A utilização de modelos permite prever o comportamento probabilístico do SES. O modelo de um sistema deste tipo depende dos seguintes factores

1. Composição dos participantes no SES, ou seja, cria uma dependência das propriedades em relação à composição dos elementos do sistema;

2. Estrutura organizacional do SES, que é variável, ou seja, dependente da solução do problema e das capacidades dos participantes;

3. Recursos do SES, que dependem dos recursos humanos, dos recursos tecnológicos e dos recursos técnicos.

4. Composição dos documentos regulamentares e regras de interação no Céu Único Europeu;

5. As motivações e preferências actuais dos participantes no SES;

7. Recursos de informação e competência dos participantes no SES;

8. As relações externas e internas da SES;

9. a natureza dos fluxos de informação no Céu Único Europeu

Na prática, os sistemas ergativos são utilizados para resolver problemas que não têm esquemas de solução típicos devido à sua novidade e natureza problemática.

Exemplos de SES são vários projectos, gestão e outras organizações semelhantes, bem como equipas de pessoas e até, em alguns casos, uma única pessoa. Os principais elementos estruturais de um SES são as pessoas que transformam os recursos deste sistema.

Na gestão dos Céu Único Europeu, é importante ser capaz de encontrar a melhor solução em situações actuais que se caracterizam pela incompletude, incerteza, imprecisão da informação de base, bem como pela falta de informação quantitativa suficiente, singularidade, dinamismo, etc.

Os sistemas ergativos complexos e os sistemas ergativos são um novo tipo de sistemas devido ao desenvolvimento das tecnologias intelectuais e da informação. Estes sistemas não são idênticos aos HMS e são uma extensão destes. Em determinadas circunstâncias, os sistemas ergativos complexos aproximam-se dos sistemas subsidiários. Os sistemas ergonómicos complexos servem de base à modelização de vários sistemas inteligentes: controlo, armazenamento, processamento.

Os sistemas ergonómicos são uma necessidade objetiva da ciência e da produção. É de notar a fraca aplicação de tecnologias cognitivas em sistemas subsidiários. Este facto serve de orientação para o seu desenvolvimento.

3.2. Sistemas distribuídos com base no exemplo dos sistemas de transporte

Os sistemas distribuídos também podem ser classificados como simples ou complexos. Tudo depende da escala do sistema. Entre os sistemas distribuídos encontram-se os sistemas de comunicação e de transporte. Por vezes, são designados de forma simplista por redes, embora contenham características sistémicas e pertençam a sistemas complexos.

Os sistemas de transportes distribuídos exigem o estudo de dois sistemas complexos: sistema tecnológico - sistema de gestão de transportes distribuídos; sistema técnico - incluindo a rede de transportes e as infra-estruturas de transportes. As redes de transporte, ao contrário das redes de comunicação, têm uma infraestrutura desenvolvida, que também requer gestão e análise.

O desenvolvimento das redes de transporte (RT) [283] caracteriza-se pela intensificação dos fluxos de materiais [284], o que exige o desenvolvimento de novos métodos de gestão que aumentem a fiabilidade dos percursos da rede [285]. Tudo isto se processa no âmbito da política de transportes. Uma das formas de desenvolver as redes de transporte é a gestão distribuída. O controlo distribuído está intimamente relacionado com os sistemas distribuídos. Exemplos de sistemas distribuídos são os sistemas informáticos distribuídos, os sistemas de informação distribuídos e as redes de comunicação. A experiência em controlo distribuído está a acumular-se nestes sistemas. A gestão distribuída nos transportes está a desenvolver-se em duas direcções principais: a primeira direção é a melhoria dos métodos de encaminhamento na rede; a segunda direção é a ativação de objectos que se deslocam através da rede com a transferência de parte das funções de gestão para eles.

A primeira direção está relacionada com o facto de, numa rede de transportes real, não serem geridos objectos isolados, mas sim fluxos de materiais [284]. Neste caso, a principal tarefa é o transporte ao longo do percurso, do início ao fim, e não entre nós individuais da rede. A segunda direção - a ativação do objeto da rede de transportes - está associada à emergência das tecnologias da Internet das Coisas e à transformação desta tecnologia na tecnologia dos sistemas ciber-físicos de transportes (TCPS). A ativação do objeto da rede de transportes está também relacionada com o desenvolvimento da tecnologia ferroviária digital (DR) [286-

289]. Estes dois tipos de segunda direção diferem nos tipos de gestão. A gestão no âmbito do DER é centralizada, centrada na rede e distribuída. A gestão do TCFS está mais próxima da gestão subsidiária. Ambos os tipos de segunda direção utilizam a teoria dos sistemas distribuídos.

Note-se que existe experiência em sistemas distribuídos no domínio da comunicação, da análise, do armazenamento de informações e dos sistemas de computação. Entre os sistemas distribuídos, contam-se os sistemas distribuídos assíncronos [290], os sistemas de informação distribuídos [291], as bases de dados distribuídas [292], os sistemas analíticos distribuídos [293], os sistemas inteligentes distribuídos [294] e os sistemas de decisão distribuídos [295]. Esta diversidade permite generalizar a experiência de aplicação e gestão dos sistemas distribuídos e transferi-la para o domínio dos transportes, tendo em conta as suas especificidades.

3.2.1. Modelos de redes de transporte.

A rede de transportes pode ser considerada como uma rede global de transportes (GTS) e como uma rede local de transportes (LTN). A rede global de transportes caracteriza-se pela sua heterogeneidade, ou seja, pela heterogeneidade da sua estrutura. Inclui blocos que são formados por redes locais. Uma rede local, por exemplo, é a rede de uma estação, que é um fragmento da rede global de transportes (Fig.3.1). A rede global é uma rede entre estações e cidades. A organização dos processos de gestão em qualquer rede de transportes (RT) pressupõe que a rede já existe e cumpre determinados requisitos.

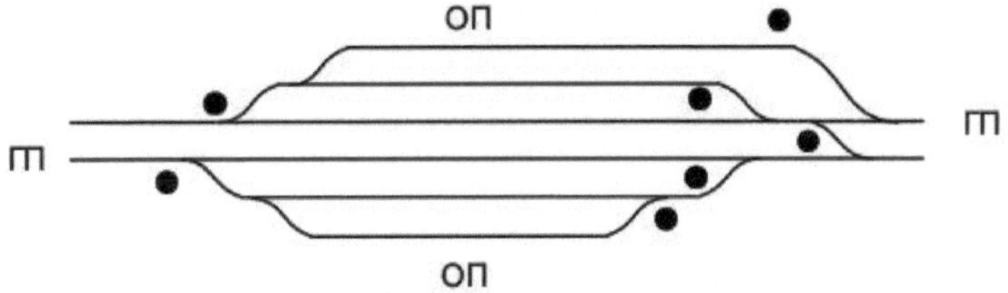

Fig.3.1 Fragmento de rede de transporte

A figura 3.1 mostra as vias principais (MTR) e as vias de desvio (BT). Trata-se de um exemplo simples de uma topologia de nó local. Existem duas tarefas estratégicas na rede global de transportes: a tarefa de *interação dos processos de transporte* e a *tarefa de controlo distribuído*. A tarefa de organização da interação dos processos de transporte é resolvida nas seguintes condições

1. Existem guias de marcha para os processos de transporte;

2. Existem muitos recursos sob a forma de estradas para transporte com capacidade limitada;

3. Os processos de transporte podem ser efectuados em percursos paralelos na rede;

4. Os processos de transporte são executados como transacções entre nós vizinhos

5. É possível reencaminhar processos no sistema de controlo;

6. Numa rede de transportes heterogénea, existem duas tarefas individuais de

interação: a tarefa do veículo é entregar a carga do nó de partida ao nó de destino num determinado período de tempo; a tarefa do nó é livrar-se do veículo o mais rapidamente possível.

7. Existe um objetivo empresarial no sistema de gestão da rede para garantir que os fluxos de mercadorias na rede sejam transportados de forma coordenada, mesmo que o plano de transporte original seja perturbado

8. A heterogeneidade existe numa rede de transporte heterogénea. Deve-se essencialmente a pelo menos dois tipos de nós. O primeiro tipo de nó é o nó onde ocorre a regulação do tráfego: passagem ou atraso. O segundo tipo de nó é o nó onde se efectua a regulação e a triagem do tráfego. As operações de descarga/carga também têm lugar no segundo tipo de nó. Por outras palavras, a heterogeneidade da rede é tecnológica.

9. O transporte numa rede de transportes é resolvido a nível local e global. O transporte local é efectuado sob a forma de transacções entre nós. O transporte global é resolvido através da organização de uma rota desde o ponto de expedição da carga (nó inicial) até ao ponto de entrega (nó final). O modelo topológico da rota de transporte inclui muitos nós conectados. Um modelo de itinerário dinâmico inclui muitas transacções ligadas. Por este motivo, podem ser utilizadas cadeias de Markov para o descrever [296].

Assim, numa rede de transportes, são resolvidos dois problemas: o espacial e o dinâmico. O problema espacial está relacionado com a construção de um esquema de rotas no espaço, sob a forma de uma cadeia de nós ligados entre si desde o ponto inicial até ao ponto final. O problema dinâmico está relacionado com a construção de uma cadeia de transacções ligadas para mover a carga do ponto inicial para o ponto final. A principal é a cadeia de transacções, ou seja, a entrega da carga. As duas tarefas em conjunto representam o conceito logístico de Just In Time (JIT) [297]. A tarefa espacial fornece o Just, enquanto a tarefa dinâmica fornece o Time.

O problema do controlo distribuído consiste em saber como transferir o fluxo de tráfego através da rede, dos nós de transporte iniciais para os nós finais, da forma mais eficiente possível, na presença de dinâmica na estrutura e de capacidade limitada dos nós. Para resolver este problema, existem as seguintes condições:

1. Uma rede heterogénea de transporte tem uma topologia multi-ligações em que estão presentes ligações físicas entre nós.

2. As ligações entre nós vizinhos são fixas, mas a estrutura das ligações lógicas na rede pode mudar dinamicamente.

3. As ligações entre os nós vizinhos são fixas, mas a largura de banda entre os nós vizinhos na rede pode mudar dinamicamente.

4. Os fluxos de carga, incluindo o seu volume e direção, são inicialmente definidos.

5. Os fluxos de carga podem alterar-se durante o processo de transporte;

6. A organização dos fluxos de mercadorias através da rede exige a resolução dos problemas de partilha de recursos entre os fluxos de mercadorias em condições de

escassez desses recursos;

7.   A gestão da partilha de recursos tende a ser descentralizada. Este facto deve-se à contradição das tarefas internas.

8.   A condição geral do problema de controlo distribuído tem um análogo no algoritmo da formiga [91], ou seja, uma combinação de tarefas individuais (algoritmo guloso) e uma tarefa colectiva (algoritmo de grupo).

Atualmente, os algoritmos de controlo distribuído podem ser classificados com base em três modelos básicos, apresentados a seguir.

1.   Modelo MUMR muitos nós - muitos recursos (Figura 3.2).

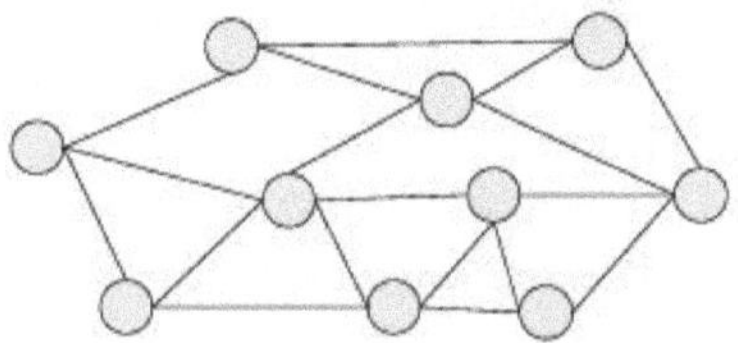

Figura 3.2: O modelo MURM.

A principal ideia subjacente a este modelo é o princípio da autonomia, segundo o qual qualquer nó dentro da TS é o "mestre" dos seus próprios recursos locais e só ele tem direito às transacções quando utilizadas. Nesta abordagem, cada nó tem a autoridade para gerir o recurso local. O modelo MUMR é um modelo de TC na sua parte intermédia da rede de transportes (Fig. 1) na sua aceção tradicional.

2.   Muitos recursos - um nó (Figura 3.3). O modelo baseia-se no pressuposto de que existe um nó integrador (Nó) no sistema que combina os recursos. Na TC, este nó é normalmente a conclusão de uma rede complexa ou localizada/

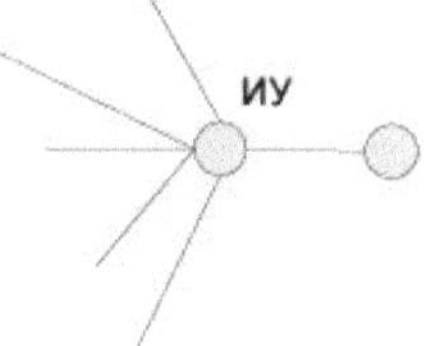

Fig.3.3 O modelo IROI

3.   O modelo ORMU de um recurso - muitos nós (Figura 3.4). O modelo baseia-se no pressuposto de que o sistema tem um nó de distribuição que distribui os recursos.

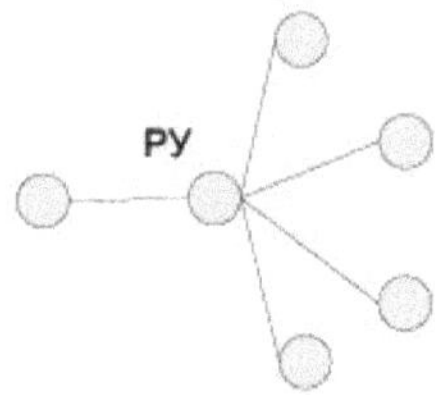

Fig.3.4 Modelo da ORMU

No TC, este modelo abre geralmente uma rede local (Fig.3.1). Numa rede dinâmica, ao atualizar a informação sobre a situação da rede, todos os nós têm de comunicar com o alvo para tomar uma decisão colectiva de fornecer um recurso para encaminhamento e transacções.

Quanto maior for a rede de transportes, mais forte será o impacto das influências externas. Estas influências manifestam-se nas transacções entre dois nós. Para uma rota, é a soma das externalidades. As influências externas impedem a execução das transacções inicialmente previstas. Por conseguinte, para realizar uma tarefa dinâmica, devem existir recursos na WAN que compensem as influências externas que interferem com o objetivo Just In Time.

A gestão distribuída no GTS inclui vários níveis de gestão. Gestão geral dos fluxos de tráfego na rede com resolução de conflitos entre rotas. Gestão das rotas na rede. Gestão das transacções entre os nós da rede. A gestão de rotas permite a alteração de rotas e inclui tarefas topológicas e dinâmicas. A gestão das rotas e a gestão geral realizam-se sob a limitação de recursos. O recurso é a capacidade da estrada. Assim, o controlo reduz-se à repartição dos recursos e à sua utilização optimizada para resolver os problemas de gestão dos itinerários. A gestão dos recursos leva à tarefa de os preservar e manter. Isto significa resolver a tarefa de monitorização do estado da estrada e resolver a tarefa de atribuição de reparações para um troço de estrada.

Os algoritmos de partilha de recursos para controlo distribuído podem ser classificados em grupos: algoritmos que utilizam a classificação da situação, algoritmos que utilizam o bloqueio de sinalização e algoritmos que utilizam privilégios, algoritmos de equilíbrio da rede.

Uma rede de transporte é uma rede Overlay, ou seja, um conjunto de redes em que algumas redes são criadas sobre outras (Figura 3.5).

Fig.3.5 Estrutura de sobreposição da rede de transportes

O núcleo de uma rede de transportes sobreposta é uma rede ferroviária física para a qual existem nós físicos. No topo desta rede encontra-se uma rede tecnológica que permite transacções entre os nós da rede.

No topo da rede tecnológica encontra-se a rede de informação, destinada a transmitir informações do centro de controlo da rede para os nós e informações dos nós para o centro de controlo. No topo desta rede encontra-se a rede de coordenação, destinada a transmitir informações sobre a localização dos objectos móveis na rede. No topo desta rede encontra-se a rede de controlo, concebida para avaliar o estado do caminho e transferir informações sobre o estado do caminho para o centro de controlo. No topo desta rede encontra-se a rede de gestão, destinada a gerir a rede e o tráfego na rede, bem como a transmitir ordens para manter o estado da via.

A principal vantagem das redes sobrepostas é o facto de permitirem o desenvolvimento de novas camadas de rede e o funcionamento de serviços distribuídos sem qualquer alteração das camadas principais da rede. A desvantagem das sobreposições é o aumento do custo do intercâmbio de informações entre as camadas sobrepostas.

3.2.2 Tecnologias de encaminhamento.

Para uma rede de transporte, é necessário distinguir entre o modelo topológico ou estrutura da rede e o modelo de transporte da mesma rede. O modelo topológico de informação da rede (TIM) é um grafo simples clássico.

$$TMC = G\ (V,\ A)\ (1)$$

A expressão (1) inclui *o conjunto V* de vértices e *o conjunto A de* arcos. O modelo topológico de transporte em rede (TNM) é um
gráfico rotulado.

$$TIIC = (V,\ A,\ s,\ t),\ (2)$$

A expressão (2) contém V - conjunto de vértices e A - *conjunto de* arcos e etiquetas *s* e *t,* que caracterizam as rotas aceitáveis do transporte de carga. De particular importância é o encaminhamento eficiente do transporte de mercadorias em condições de paragens dinâmicas e falhas de elementos individuais da rede. No caso do transporte automóvel, está relacionado com engarrafamentos, no caso do transporte ferroviário está relacionado com acidentes e emergências na zona da via-férrea. A este respeito, as abordagens para a implementação e apoio de soluções de mudança rápida de itinerário são de particular importância.

A análise de uma grande rede de transportes [298] exige recursos computacionais significativos para analisar grandes volumes de tráfego e um grande número de nós da rede. Ao mesmo tempo, é necessário um controlo operacional do fluxo sem o armazenar numa base de dados. Assim, no processamento de grandes fluxos de dados, tem-se assistido a uma mudança dos sistemas de gestão de bases de dados (SGBD) para os sistemas de gestão de fluxos de dados (SGFD). Os sistemas de gestão de fluxos de dados utilizam o modelo de análise de rede de "processamento sem necessariamente guardar".

Existem esquemas de encaminhamento de redes de transporte que diferem na forma como realizam as transacções. À semelhança das redes de comunicações, os tipos de encaminhamento numa rede de transportes podem ser os seguintes

unicast - transação unicast, é permitida a transação física entre dois nós específicos.

difusão - uma transação de comunicação (mensagem) é permitida a todos os nós da rede.

multicast - Uma transação multicast é uma transação física entre um nó de origem e um grupo de nós que manifestaram interesse em receber a transação.

anycast - uma transação física é permitida a qualquer um de um grupo de nós, normalmente o mais próximo da fonte

geocast - uma transação física não é permitida a um nó específico, mas a uma área geográfica com nós e com subsequente redistribuição de transacções dentro da área.

A transação unicast é dominante nas vias principais que ligam as estações ou outros pontos de separação

No domínio do encaminhamento em sistemas de comunicações, existe experiência na aplicação da técnica de rede configurável por software (SCN) [299] para modificar os fluxos e otimizar os fluxos na rede. A principal vantagem desta abordagem é a capacidade de reconfigurar adaptativamente uma ou mais rotas para otimizar os fluxos na rede. A transferência desta experiência para as redes de transporte [300] proporciona flexibilidade na gestão dos fluxos de materiais através da configuração adaptativa. Uma desvantagem da abordagem é a falta de visibilidade da metodologia de configuração. Nesta abordagem, a configuração da rede é efectuada por um computador e o homem apenas recebe o resultado da criação de novos itinerários.

O encaminhamento adaptativo dos fluxos de tráfego consiste em [257] alterar a topologia do transporte na rede de SCC em função da situação atual da informação. Isto é conseguido tendo em conta os parâmetros da situação atual da informação. A gestão dos fluxos de transporte é efectuada com a ajuda de métodos PCC. A tecnologia PCC baseia-se na reorganização por software de uma rede complexa em função de regras pré-determinadas.

Dependendo das condições externas, o que é típico das megacidades, a capacidade da rede altera-se dinamicamente. Para ter em conta a evolução da situação na rede, é necessário enviar dinamicamente informações sobre a situação da rede entre o transportador e o administrador dos transportes. Quando as condições externas se alteram, um determinado itinerário de tráfego torna-se ineficaz. As alterações das características da rede podem levar a um novo cálculo completo dos itinerários de transporte óptimos. Este tipo de problemas matemáticos são resolvidos e podem ser aplicados às redes de transporte.

Um algoritmo simples para encontrar o caminho ótimo numa nova estrutura de rede foi proposto por Edsger Dijkstra em 1959. [301]. O algoritmo encontra os caminhos mais curtos de um dos vértices do grafo para todos os outros vértices. Funciona para grafos que não têm arestas com pesos negativos. Em geral, este método baseia-se na atribuição de etiquetas temporais aos vértices, sendo que a etiqueta do vértice dá um limite superior ao comprimento do caminho desde um vértice inicial $V0$ até ao vértice em questão. Estas etiquetas são gradualmente reduzidas através de um procedimento iterativo. Cada passo da iteração torna constante uma das marcas temporais. Essa etiqueta deixa de ser um limite superior e passa a dar o comprimento exato do caminho mais curto desde o vértice inicial até ao vértice considerado.

3.3.3 Campos de informação no controlo distribuído

Uma vez que os fluxos de transporte são formados por objectos materiais que se deslocam no espaço e no tempo, são utilizados tipos especiais de controlo que utilizam campos e espaços de informação para gerir esses objectos. Uma condição prévia para a gestão de objectos móveis é a criação de um espaço de coordenadas único. O espaço de coordenadas permite avaliar qualitativa e quantitativamente a posição dos objectos na rede de transportes [302]. Este espaço permite estimar a posição dos objectos em relação aos destinos e a posição comparativa dos objectos na rede. O espaço de coordenadas desempenha funções analíticas e de medição. No entanto, não é um campo.

Por vezes, o espaço de informação é erradamente identificado com o campo de informação. Nas ciências fundamentais e aplicadas, campo e espaço são categorias diferentes. Num sentido lato, um espaço de informação é um invólucro que contém outros espaços de informação aninhados ou contém campos de informação. Num sentido restrito, um espaço de informação é um ambiente de medição, que pode ser interpretado como um "espaço de informação de coordenação". Um exemplo deste tipo de espaço é o espaço próximo da Terra [235]. Este espaço de informação contém vários campos: o campo magnético da Terra, o campo elétrico da Terra, o campo gravitacional da Terra e os campos físicos dos detritos espaciais, bem como os campos físicos das cinturas de radiação.

O espaço de informação, em sentido restrito, está próximo do conceito de sistema de coordenadas e serve de base para a coordenação e descrição de objectos, processos e fenómenos. Este espaço é utilizado para a navegação de objectos móveis, controlo espacial, análise de objectos e fenómenos espaciais. Mas as entidades acima referidas não estão incluídas no espaço de informação.

Pode escolher-se qualquer sistema de coordenadas: retangular, esférico, cilíndrico para descrever a posição de um objeto em movimento no espaço. O formalismo matemático para descrever as coordenadas dos objectos será diferente e a descrição das equações do movimento será diferente. Mas a posição do objeto no espaço não dependerá da descrição se estes diferentes sistemas de coordenadas tiverem um ponto de referência comum.

O movimento e a interação dos objectos no espaço de informação não são afectados pelo formalismo da descrição do espaço. Do mesmo modo, as alterações na composição dos campos e dos objectos não afectam o espaço de informação.

Os campos físicos e de informação são caracterizados por uma variável de campo, que é essencialmente uma função das coordenadas espaciais. O termo "variável de campo" foi introduzido na teoria dos campos físicos e foi fixado como um conceito geralmente aceite. Mas trata-se essencialmente de uma função e não de uma variável. Exemplos de uma "variável de campo" são o potencial elétrico ou magnético, que são formalmente descritos como funções de coordenadas.

Um exemplo mais específico de uma "variável de campo" são as coordenadas espaciais, que são calculadas no domínio da navegação GNSS. É de notar que existem campos naturais que existem no mundo e campos artificiais que o homem cria. Um sistema de navegação por satélite cria um campo de informação artificial, cujas medições permitem extrair informações sobre o ponto em que o recetor de satélite está localizado em relação ao sistema de satélite. Este exemplo pode ser utilizado para mostrar a diferença entre uma variável de campo e uma variável (no caso particular da coordenada) do espaço. A coordenada como variável é medida diretamente (medições geodésicas num sistema de coordenadas), enquanto a coordenada como variável de campo é calculada (medições de satélite num campo de navegação)

Se o espaço de informação for sintetizado com tecnologias de controlo, já não é um espaço de informação, mas um espaço mais complexo, cuja designação deve ser completada com outro termo, por exemplo, espaço de controlo da informação. Se existirem variáveis de campo nesse espaço, este transforma-se num campo de informação e exige uma definição mais precisa de "campo de controlo da informação". Esta entidade tem um conteúdo interno e desempenha outras funções para além das funções de coordenação. O espaço de informação cria condições de coordenação para a gestão e a criação do campo de informação, mas estes conceitos não são equivalentes.

A gestão distribuída dos transportes utiliza diferentes

domínios de informação: domínio da retransmissão rádio, domínio das comunicações rádio, domínio da informação por satélite.

O domínio da retransmissão radioeléctrica baseia-se no desenvolvimento das comunicações por retransmissão radioeléctrica. Na teoria das comunicações, as linhas de comunicação por feixes hertzianos (RRL) são utilizadas para resolver problemas de comunicação nas bandas de ondas decimétricas, centimétricas e milimétricas. A transmissão é efectuada através de um sistema de repetidores situados a distâncias que não excedem a linha de vista. Os repetidores recebem o sinal, amplificam-no, processam-no e transmitem-no ao repetidor seguinte. O comprimento total da RRL pode atingir milhares de quilómetros. O RRL moderno utiliza métodos de comunicação digital.

Os sistemas RRL estão atualmente a ser construídos aquando da organização de sistemas de comunicação de base. Em 1993, entrou em funcionamento um tronco digital RRL entre São Petersburgo e Moscovo e, em 1997, entre Moscovo e Khabarovsk. Os sistemas RRL definem o espaço de informação de rádio-relé.

O campo de informação do feixe hertziano é ativo porque, para além da transmissão de informações, cumpre as funções de influência ativa sobre um objeto móvel, de avaliação do estado desse objeto e de transmissão de influência de controlo ativo sobre o objeto. O campo de informação do feixe hertziano cumpre as funções de avaliação das acções de controlo e de desenvolvimento de acções correctivas.

O campo de informação do feixe hertziano pode referir-se a três níveis da rede de transporte sobreposta: nível de comunicação, nível de controlo do tráfego (para CJD e TCFS), bem como ao nível físico, uma vez que os postes de feixe hertziano são objectos físicos e formam uma rede correspondente à rede ferroviária física.

O campo de informação radioeléctrica utiliza os princípios da comunicação radioeléctrica, que consiste na transmissão de informações por meio de ondas de rádio, não apenas na linha de visão, mas também a longas distâncias. Um tipo particular deste tipo de campo é o campo de informação radar, que permite seguir um objeto em movimento, controlá-lo ou tomar medidas para o eliminar com a ajuda de outro objeto controlado.

A vantagem do campo de informação de retransmissão de rádio é a sua elevada precisão. É por isso que é utilizado na tecnologia ferroviária digital. As ondas de rádio como meio de medição têm uma precisão que depende do comprimento de onda. Quanto mais curto for o comprimento de onda, mais exacta é a determinação da posição do veículo. Por este motivo, as medições com lasers são as mais exactas.

3.2.4 Tecnologias de ativação de objectos na rede de transportes.

As tecnologias de ativação do veículo enquanto viaja na rede de transportes tornaram-se possíveis através da resolução de duas tarefas. A primeira tarefa está relacionada com a incorporação de um sistema de informação e controlo no interior do veículo. Esse sistema pode ser automatizado (piloto automático, controlo de velocidade de cruzeiro) ou inteligente. Esta tarefa é tecnicamente tecnológica. A segunda tarefa está relacionada com uma maior transferência das funções de controlo diretamente para o complexo de transportes. Esta tarefa é de carácter organizativo e de gestão.

No domínio do transporte ferroviário, os veículos activos são realizados como sistemas ferroviários digitais e sistemas ciber-físicos de transporte. Quando se compara a tecnologia ferroviária digital (DRT) com a tecnologia de sistemas de transporte ciber-físicos (TCPS), a tecnologia DRT é mais simples. É feita uma distinção semelhante entre a gestão automatizada dos transportes e a gestão robótica dos transportes.

O antecessor do TCFS é a tecnologia da Internet das Coisas. Esta utiliza amplamente as redes e a comunicação ativa. O aparecimento desta tecnologia levou ao aparecimento dos sistemas ciber-físicos e, posteriormente, ao aparecimento dos sistemas ciber-físicos de transporte. No sistema ciberfísico de transporte (TCPS), os componentes de computação discreta permitem a monitorização e o controlo em tempo real dos dispositivos físicos. Neste caso, é feita uma analogia com o TSC. A diferença de inteligência O CJD é um sistema normativo, embora tenha um sistema de regras, o TCPS é um sistema inteligente distribuído. O TCFS dispõe de um sistema de regras e de um sistema de modificação das regras. Em caso de situação anormal, o TCFS tem a capacidade de aplicar os seus próprios sistemas informáticos locais sem referência ao centro de controlo.

O CKD desempenha, em primeiro lugar, a função de análise comparativa do veículo que segue à frente através do campo de informação de retransmissão de rádio com o controlo através do campo de informação de satélite. O CKD desempenha as funções de controlo do veículo através do seu sistema de análise autónomo e independente, tendo em conta o movimento do meio de transporte mais próximo.

O TCFS executa funções de análise complexas no espaço e pode controlar não só veículos individuais como o CJD, mas também um sistema de veículos como um sistema de robôs espaciais ou um sistema de transporte aéreo.

O CDF tem um condicionalismo porque o tráfego está limitado ao modelo espacial da via-férrea. Os TFC podem controlar o tráfego no espaço livre sem referência a uma via férrea ou estrada.

Os sistemas distribuídos caracterizam-se pela presença de capturas ou blocos. Um exemplo paradigmático são as redes de comunicação ou os sistemas de comunicação. Como mostra a análise, os sistemas de transporte distribuídos não são um análogo completo dos sistemas de comunicação. A principal função dos sistemas de comunicação não é o controlo, mas o intercâmbio de redes.

A principal razão para a transição para sistemas distribuídos e controlo distribuído é a heterogeneidade. A heterogeneidade pode ser de três tipos: física, tecnológica e informativa. A heterogeneidade física é causada por diferentes elementos físicos da rede. Numa rede de transportes, a heterogeneidade ocorre quando existem blocos e estações. A heterogeneidade tecnológica ocorre quando se utilizam tecnologias diferentes que requerem dados significativamente diferentes, formatos de dados diferentes. A heterogeneidade de informação ocorre quando não há correspondência de informação na transferência de informação entre os nós da rede ou na interação de informação.

A heterogeneidade exige um acesso igual (unificado) a nós de rede semanticamente heterogéneos. A unificação do acesso exige a sistematização e a integração das tecnologias de controlo e de intercâmbio. A integração das tecnologias de controlo deve ser feita a nível técnico e a nível semântico. No caso do controlo inteligente, a integração deve ser feita a nível semiótico. Deve ser assegurada a plena conformidade da informação no sistema de tecnologias de controlo. Para o controlo distribuído, é importante a correspondência estrutural e semântica da informação.

Existem dois problemas associados à heterogeneidade dos sistemas, redes e tecnologias - a heterogeneidade estrutural e a heterogeneidade semântica. A heterogeneidade estrutural ocorre quando os nós de um sistema distribuído utilizam modelos estruturais diferentes para armazenar a interação ou o impacto da informação. Neste caso, verifica-se uma inadequação da informação estrutural. A heterogeneidade semântica significa a violação do conteúdo semântico na interação ou troca de informações entre diferentes nós do sistema.

A gestão distribuída caracteriza-se pela estrutura, tecnologia e modelos aplicados (Fig. 3.6). A estrutura da gestão distribuída muda de hierárquica para rede - a mais complexa.

As tecnologias de gestão distribuída incluem elementos das tecnologias digitais, da informação e cognitivas. De acordo com as tecnologias de controlo distribuído, são aplicados modelos de controlo.

EstruturaModeloTecnológico

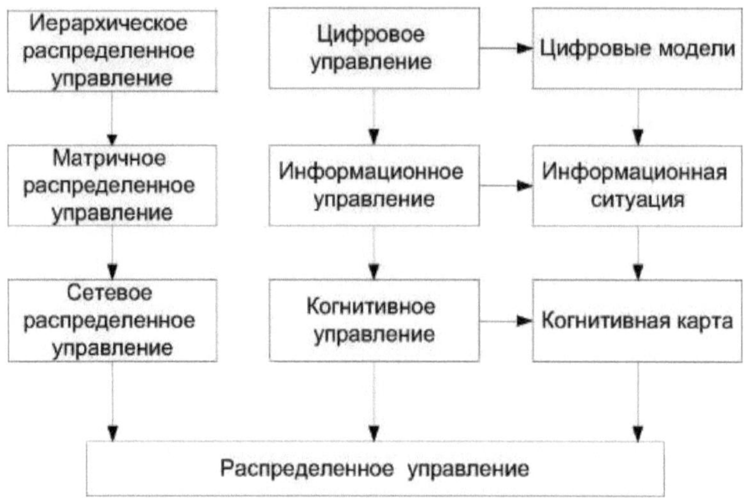

Fig.3.6 Componentes do controlo distribuído.

O controlo hierárquico distribuído distingue-se do controlo hierárquico convencional pela heterogeneidade e pela inclusão de centros de controlo adicionais. Este esquema é apresentado na Fig. 3.7.

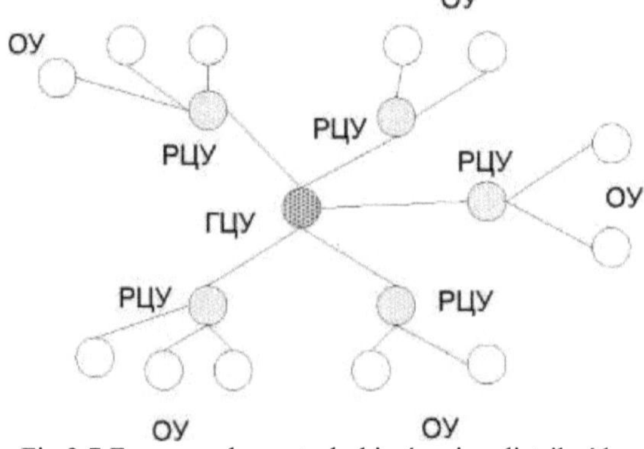

Fig.3.7 Esquema do controlo hierárquico distribuído.

O núcleo do sistema é o centro de controlo principal (MC). Existem centros de controlo distribuídos (CD) entre os objectos de controlo (IC) e o centro de controlo principal, que reduzem a carga de informação no centro de controlo principal e aumentam a eficiência da gestão e das acções.

Uma estrutura de controlo distribuída mais complexa é a estrutura de um sistema ciber-físico de transporte.

Atualmente, os sistemas de controlo automatizados a nível local e global são amplamente utilizados para um controlo operacional, flexível e eficiente do fluxo na rede de transportes. Com um grande volume de informação e a complexidade das operações na rede de transportes, o problema da redução da rede e da diminuição da carga sobre o aparelho de controlo tornar-se-á especialmente importante. O aumento dos parâmetros da rede de transportes complica as tarefas do seu controlo e gestão. Um dos métodos para aumentar a eficácia da gestão das grandes redes de transporte é o controlo distribuído. Uma condição obrigatória para o controlo distribuído numa rede de transportes é a organização de uma rede global de transportes como uma rede sobreposta. Isto permite paralelizar acções e transacções no interior da rede e reduzir o tempo necessário para a tomada de decisões e a gestão.

O controlo distribuído na rede de transportes é descrito pelas modernas tecnologias da informação e pelos métodos matemáticos, que dispõem de um vasto conjunto de ferramentas para resolver problemas complexos. Por conseguinte, existe o problema de integrar os desenvolvimentos existentes noutros domínios e de os transferir para o domínio dos transportes. Em particular, as tecnologias de gestão distribuída dos transportes utilizam informações espaciais, o que torna obrigatória a aplicação de métodos geoinformáticos à gestão dos transportes. A gestão distribuída dos transportes pode ser considerada como um resultado natural da evolução das tecnologias de gestão

4. a Internet das Coisas como um sistema complexo

A emergência da Internet das coisas como uma nova etapa do desenvolvimento tecnológico mundial está associada e é condicionada pela introdução dinâmica das tecnologias da informação e da comunicação em todas as esferas da sociedade. Esta tecnologia manifesta-se, em primeiro lugar, na economia digital em rápido crescimento, baseada na utilização maciça das tecnologias da Internet, nas realizações da microeletrónica e na engenharia de software. A Internet das coisas e as soluções nela baseadas são frequentemente designadas por "inteligentes". Este termo foi utilizado na década de 1990 para diferenciar as tecnologias inteligentes das tecnologias automatizadas

As tecnologias da Internet das Coisas estão presentes em domínios como o fabrico inteligente, a energia inteligente, a agro-cultura inteligente, a logística inteligente, o transporte inteligente, a casa inteligente, a cidade inteligente e os cuidados de saúde inteligentes. Esta lista irá aumentar, abrangendo todos os novos domínios de aplicação.

4.1 Informações gerais

A Internet das coisas (IoT) é a ligação em rede de dispositivos físicos, veículos (também designados por "dispositivos conectados" e "dispositivos inteligentes"), edifícios e outros objectos dotados de eletrónica, software, sensores, actuadores e uma rede que permite a estes objectos recolher e trocar dados [303].

Em 2013, a Iniciativa Global de Normalização da Internet das Coisas (IoT-GSI) definiu a IoT como "uma infraestrutura global para a sociedade da informação que fornece serviços melhorados através da combinação de coisas (físicas e virtuais) com base em tecnologias da informação e da comunicação interoperáveis existentes e emergentes" e, para este efeito, uma "coisa" é "um objeto do mundo físico (coisas físicas) ou do mundo da informação (coisas virtuais) que pode ser identificado e integrado em redes de comunicação" [304]. [304]. A Internet das coisas permite que os objectos sejam descobertos ou controlados remotamente através da infraestrutura de rede existente, criando oportunidades para uma integração mais direta do mundo físico nos sistemas informáticos e resultando numa maior eficiência, precisão e benefícios económicos, para além de uma menor intervenção humana.

Quando a IdC é complementada com sensores e actuadores, esta tecnologia torna-se a base de uma classe mais geral de sistemas ciber-físicos que também inclui tecnologias como as redes inteligentes, as centrais eléctricas virtuais, as casas inteligentes, os transportes inteligentes e as cidades inteligentes . Cada coisa é identificada de forma única através de um sistema informático incorporado e, no entanto, é capaz de interagir com a infraestrutura da Internet existente. A esfera da Internet das coisas é constituída por uma variedade de dispositivos e respectivos utilizadores em interação em linha, incluindo comunicações móveis.

A figura 4.1 ilustra a tendência da Internet das coisas.

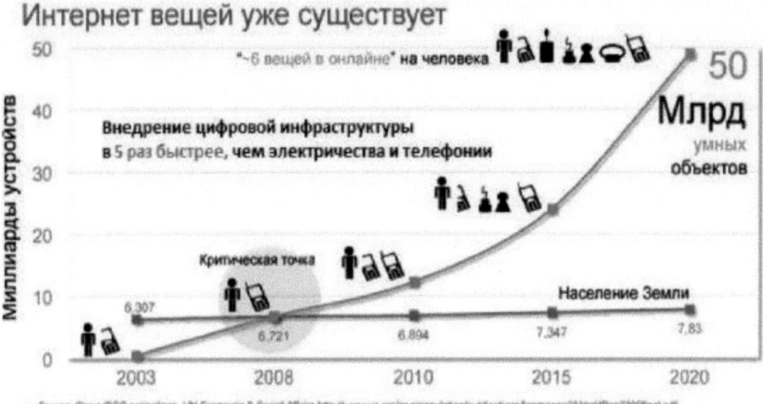

Figura 4.1: Tendência de crescimento do número de dispositivos ligados à Internet.

Verifica-se que, em 2020, cada pessoa terá, em média, 6 dispositivos em linha diferentes: computadores, telemóveis, smartphones, phablets e tablets, dispositivos para o lar, para monitorizar indicadores de saúde, etc.

Os dispositivos móveis inteligentes são normalmente designados por dispositivos com capacidades informáticas e multimédia avançadas, com velocidades de ligação à rede de, pelo menos, nível 3G, ou seja, 2 Mbps.

O segundo segmento mais importante é o dos dispositivos de interação máquina-máquina, designados resumidamente por M2M (Machines to Machines). É de notar que os sistemas industriais de controlo automático e de telemetria há muito conhecidos, que realizam interacções fechadas do tipo coisa-a-coisa, são, de facto, a pré-fundação da Internet das Coisas. No entanto, enquanto anteriormente havia limitações aos limites de uma unidade de produção, oficina ou empresa localizada localmente, atualmente é possível aceder à Internet. Este facto expande radicalmente a esfera M2M, eliminando praticamente as restrições territoriais. Neste domínio, prevê-se um crescimento de 780 milhões em 2016 para 3,3 mil milhões em 2021. Cenários e exemplos pormenorizados da utilização de soluções M2M modernas em vários sectores são apresentados num relatório técnico da oneM2M, a principal organização internacional de normalização neste domínio (www.www.onem2m.org2m.org) .

No segmento M2M, os dispositivos portáteis inteligentes (relógios inteligentes, óculos inteligentes, etc.) constituem uma categoria separada. Estes dispositivos interagem diretamente com as redes móveis e a Internet ou através de smartphones e outros dispositivos de uso geral.

Os métodos digitais modernos geram enormes quantidades de dados, o que conduz ao problema dos grandes volumes de dados. Em [305], são apresentados números típicos: os sensores dos motores a jato geram 104 GB de informação a cada 30 minutos, todos os dias os sensores do mundo fazem 1,1 mil milhões de leituras e são produzidos 2,5 mil milhões de GB de dados. Os dados primários exigem um tratamento que, nalguns casos, envolve análises sofisticadas e informações previamente acumuladas. Esse processamento nem sempre pode ser efectuado perto da fonte de dados, por exemplo, devido à falta de recursos computacionais e/ou de software necessários. Por conseguinte, as tecnologias de computação em nuvem que realizam serviços de software como serviço (SaaS) e, se necessário, de rede como serviço (NaaS) têm sido amplamente utilizadas recentemente.

As soluções IoT estão a ser ativamente implementadas em todas as indústrias e esferas da vida. Neste momento, as principais são soluções para casas e cidades inteligentes, energia, transportes e logística, retalho e mercado de consumo, exploração mineira e processamento de minerais, cuidados de saúde e telemedicina, agricultura e segurança integrada.

Num relatório da Pricewaterhouse Coopers (www.pwcwww.pwc.ruru) apresenta uma avaliação das perspectivas de desenvolvimento da Internet das coisas na Rússia em termos do mercado de massas, do mercado das empresas comerciais e do mercado das agências governamentais e empresas públicas. A previsão para o mercado russo é estimada em 4 a 9 mil milhões de dólares até 2020, sendo de notar que o efeito multiplicador pode ascender a dezenas de milhares de milhões de dólares neste horizonte. Os maiores benefícios da implantação da IdC são o aumento da eficiência operacional e a redução de custos, a melhoria do serviço ao cliente e as receitas provenientes de novos serviços. Toda a variedade de possíveis comunicações inteligentes em rede entre pessoas, processos, dados e coisas é designada pela Cisco como a Internet de Tudo (IoE) [305], Figura 4.2

Figura 4.2 A Internet de Todas as Coisas (IoE)

A Internet de Tudo inclui subconjuntos de interacções M2M, M2P (Machine to Person), P2P (Person to Person) e é um conceito mais geral em relação à Internet das Coisas, proporcionando uma plataforma alargada para o desenvolvimento digital em muitas abordagens tecnológicas.

4.2 Terminologia,

De acordo com o nome, a área temática da Internet das Coisas contém dois domínios: "Internet" e "coisas". Enquanto o domínio "Internet" é bem conhecido e intuitivo, o domínio "Coisas" e os conceitos relacionados exigem uma análise pormenorizada. A Recomendação Y.2060 fornece as seguintes definições de coisas e dispositivos na IoT:

Coisa -- Na IoT, **uma coisa** refere-se a um objeto do mundo físico (coisas físicas) ou do mundo da informação (coisas virtuais) que pode ser identificado e integrado em redes de comunicação. As coisas têm informações associadas a elas, que podem ser estáticas ou dinâmicas. As coisas físicas existem no mundo físico e podem ser medidas, accionadas e ligadas. Exemplos de coisas físicas são o ambiente, os robôs industriais, as mercadorias e os equipamentos eléctricos. As coisas virtuais existem no mundo da informação e podem ser armazenadas, processadas e acedidas. Exemplos de coisas virtuais incluem conteúdos multimédia e software de aplicação. Qualquer coisa física pode ser representada no mundo da informação por uma ou mais coisas virtuais (mapeamento), mas uma coisa virtual pode existir sem qualquer coisa física correspondente.

Dispositivo -- Em termos de IoT, **um dispositivo** refere-se a uma peça de equipamento que tem capacidades de comunicação obrigatórias e capacidades adicionais de deteção, atuação e introdução, armazenamento e processamento de dados. A Figura 4.3 ilustra os diferentes tipos de dispositivos e a relação entre dispositivos e coisas físicas.

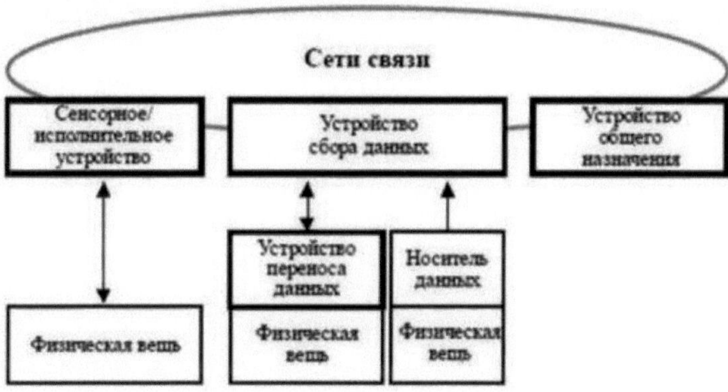

Fig.4.3 Tipos de dispositivos e sua relação com as coisas físicas

Os dispositivos são classificados como dispositivos de transferência de dados, dispositivos de aquisição de dados, dispositivos de sensores e actuadores e dispositivos de uso geral, como se segue:

Um dispositivo de transferência de dados liga-se a um objeto físico e, indiretamente, liga esse objeto físico a redes de comunicação;

Um dispositivo de recolha de dados é um dispositivo de leitura/escrita que permite a interação com objectos físicos. A interação pode ser realizada indiretamente através de dispositivos de transferência de dados ou diretamente através de suportes de dados ligados às coisas físicas. No primeiro caso, o dispositivo de recolha de dados lê informações no dispositivo de transferência de dados e pode, além disso, escrever informações fornecidas pelas redes de comunicação para o dispositivo de transferência de dados.

Nota. As tecnologias utilizadas para a interface entre dispositivos de aquisição de dados e dispositivos de transferência de dados ou suportes de dados incluem a excitação por radiofrequência, infravermelhos, ótica e galvânica;

Um dispositivo sensor e atuador detecta ou mede informações relacionadas com o ambiente e converte-as em sinais digitais. Pode também converter sinais digitais de redes de informação em acções. Normalmente, os dispositivos sensores e actuadores formam redes locais, comunicam entre si através de tecnologias de comunicação com ou sem fios e utilizam gateways para se ligarem a redes de comunicação;

Um dispositivo de uso geral tem capacidades de processamento e comunicação incorporadas e pode comunicar com redes de comunicação utilizando tecnologias com ou sem fios. Os dispositivos de uso geral incluem equipamentos e aparelhos relacionados com várias aplicações IoT, como máquinas-ferramentas, electrodomésticos e smartphones.

As redes de comunicação transmitem os dados recolhidos pelos dispositivos às aplicações e a outros dispositivos, e transmitem comandos ou instruções das aplicações aos dispositivos. As redes de comunicação devem oferecer capacidades para uma transmissão de dados fiável e eficiente. A infraestrutura de rede na IdC pode ser formada utilizando redes existentes, como as redes tradicionais baseadas em TCP/IP, e/ou redes em evolução, como as redes de próxima geração (NGN). Note-se que, em fontes estrangeiras, as redes da próxima geração são designadas por redes da próxima geração (NGN). A interação de coisas e dispositivos no mundo físico e informacional da IdC, que constitui a panorâmica técnica da IdC na Recomendação Y.2060, é apresentada na Figura 4.4.

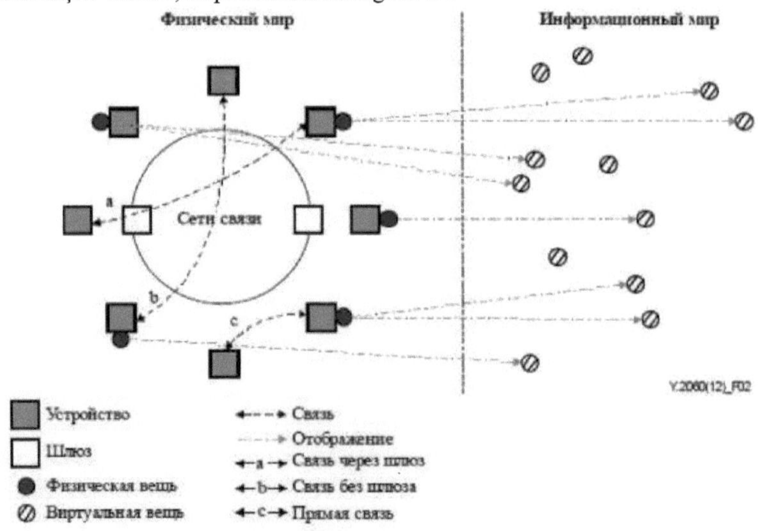

Figura 4.4: Panorâmica técnica da IoT na Recomendação Y.2060

Um dispositivo é uma peça de equipamento com capacidades de comunicação obrigatórias e capacidades adicionais de medição, acionamento, bem como de introdução, armazenamento e processamento de dados. Os dispositivos recolhem vários tipos de informação e transmitem-na às redes de informação e comunicação para posterior processamento. Alguns dispositivos efectuam operações com base nas informações recebidas das redes de informação e comunicação. Os dispositivos comunicam com outros dispositivos da seguinte forma:

- Utilizar a rede de comunicação através de um gateway (cenário a);
- Utilização de uma rede de comunicação sem gateway (cenário b);
- Diretamente, ou seja, sem utilizar a rede de comunicação (cenário **c**);

São possíveis combinações dos cenários **a** e **c, e** dos cenários **b** e **c**; por exemplo, os dispositivos podem comunicar com outros dispositivos utilizando a comunicação direta através de uma rede local (ou seja, uma rede que fornece conetividade local entre dispositivos e entre dispositivos e uma porta de ligação, como uma rede ad hoc) (cenário c) e comunicar ainda utilizando uma rede de comunicação através de uma porta de ligação de rede local (cenário a).

Nota. Embora a Fig. 4.4 mostre apenas as interacções que ocorrem no mundo físico (comunicação entre dispositivos), as interacções também ocorrem no mundo da informação (troca de dados entre coisas virtuais) e entre o mundo físico e o mundo da informação (troca de dados entre coisas físicas e coisas virtuais).

O esquema geral descrito na Fig. 4.3 é concretizado nas linhas de produtos de vários fabricantes, indicando o seu lugar no espaço da IdC. Por exemplo, um dos principais projectistas e fabricantes de dispositivos microelectrónicos, a Analog Devices (www.www.analog.com.com) posiciona a seguinte representação da interação dos seus produtos IoT, Fig. 4.5.

Fig. 4.5: Representação do produto IoT da Analog Devices [305]

Nesta cadeia, os sensores geram (Sense) dados primários sob a forma de sinais analógicos ou digitais. Estes sinais são depois submetidos ao necessário pré-processamento (Measure) por meio de amplificadores, conversores, multiplexadores, etc., se necessário. O processamento lógico e analítico (Interpretar) é efectuado por microcontroladores ou microprocessadores com o software de aplicação adequado. Os resultados são transmitidos (Connect) a dispositivos de comunicação microelectrónicos e, posteriormente, à nuvem para análise, previsão e aprendizagem de alto nível. Na fase final, são emitidas acções de controlo sobre vários mecanismos executivos (actuadores), incluindo os microelectromecânicos (Act and Optimize).

A Recomendação Y.2060 da UIT-T, "Overview of the Internet of Things", do Sector de Normalização das Telecomunicações da UIT-T (União Internacional das Telecomunicações, UIT-T) apresenta a seguinte definição de Internet das Coisas

Internet das coisas (IoT): Uma infraestrutura global para a sociedade da informação que permite a prestação de serviços mais complexos ligando coisas (físicas e virtuais) entre si, com base em tecnologias de informação interoperáveis existentes e em evolução e tecnologias de comunicação. Note-se que, ao incorporar capacidades de identificação, recolha de dados, processamento e transmissão, a IdC proporciona a utilização mais eficiente das coisas para fornecer serviços para todos os tipos de aplicações, satisfazendo simultaneamente os requisitos de segurança e privacidade.

4.3 Principais características e requisitos

Em termos gerais, a IoT pode ser entendida como um conceito com implicações tecnológicas e sociais. Enquanto as actuais tecnologias da informação e da comunicação (TIC) já permitem a comunicação "a qualquer momento" e "em qualquer lugar", de acordo com a Recomendação Y.2060, a IdC acrescenta uma nova dimensão - "conetividade entre quaisquer COISAS", Figura 4.6

Figura 4.6. Novo aspeto da IoT acrescentado de acordo com a norma Y.2060

A recomendação Y.2060 define as seguintes características principais:

Conectividade: no que diz respeito à IdC, qualquer coisa pode ser ligada à infraestrutura global de informação e comunicação;

Serviços relacionados com as coisas: a IdC é capaz de fornecer serviços relacionados com as coisas dentro das limitações inerentes às coisas, como a proteção da privacidade e a coerência semântica entre as coisas físicas e as coisas virtuais correspondentes. Para fornecer serviços relacionados com as coisas dentro das limitações inerentes a elas, as tecnologias dos mundos físico e da informação vão mudar;

Heterogeneidade: na IdC, os dispositivos são heterogéneos e baseados em diferentes plataformas de hardware e redes. Podem comunicar com outros dispositivos ou plataformas de serviços através de redes diferentes;

Alterações dinâmicas: as alterações dinâmicas são específicas do estado dos dispositivos, como dormir e acordar, estado ligado e/ou não ligado, e do contexto dos dispositivos, incluindo a localização e a velocidade. Além disso, o número de dispositivos pode mudar dinamicamente.

Enorme escala: o número de dispositivos que precisam de ser geridos e de comunicar entre si será, pelo menos, uma ordem de grandeza superior ao número de dispositivos atualmente ligados à Internet. Haverá um aumento significativo da proporção de intercâmbio de informações iniciado por dispositivos em comparação com a proporção iniciada por pessoas. Haverá um aumento da importância da gestão dos dados gerados e da sua interpretação para fins de aplicação. Isto diz respeito à semântica dos dados, bem como ao seu processamento eficiente.

De acordo com a Recomendação Y.2060, os seguintes requisitos de alto nível são relevantes para a IoT:

Conectividade baseada na identidade: É necessário garantir que, na IdC, a ligação entre um objeto e a IdC seja estabelecida com base no identificador desse objeto. Além disso, isto inclui o requisito de que identificadores presumivelmente heterogéneos de coisas diferentes sejam tratados numa abordagem unificada;

Interoperabilidade: exige que os sistemas heterogéneos e distribuídos sejam interoperáveis para fornecer e consumir uma grande variedade de informações e serviços;

Organização autónoma da rede: As funções IoT relacionadas com a gestão da organização da rede são necessárias para apoiar a organização autónoma da rede (incluindo métodos e/ou mecanismos de controlo automático, configuração automática, auto-regeneração, otimização automática e proteção automática) para se adaptar a diferentes domínios de aplicação, diferentes ambientes de dados e um grande número de dispositivos de muitos tipos diferentes;

Prestação de serviços autónomos: exige que os serviços possam ser prestados através da recolha, transmissão e tratamento automáticos de dados de coisas com base em regras definidas pelos operadores ou personalizadas pelos assinantes. Os serviços autónomos podem depender de técnicas automatizadas de processamento colaborativo e de prospeção de dados;

Capacidades baseadas na localização: É necessário que a IdC ofereça capacidades baseadas na localização. As comunicações e os serviços relacionados com uma coisa dependerão das informações de localização das coisas e/ou dos utilizadores. É necessário que a informação de localização seja medida e rastreada automaticamente. As comunicações e os serviços baseados na localização podem ser restringidos por leis e regulamentos e devem cumprir os requisitos de segurança;

Segurança: na IdC, tudo tem uma ligação, o que conduz a graves ameaças à segurança, como a confidencialidade, a autenticidade e a integridade dos dados e dos serviços. Um dos exemplos mais importantes de requisitos de segurança na IdC é a necessidade de combinar diferentes princípios e práticas de segurança relacionados com múltiplos dispositivos e redes de utilizadores;

Proteção da privacidade: a Internet das coisas exige que a privacidade seja protegida na Internet das coisas. Muitas coisas têm proprietários e utilizadores. Os dados de medição das coisas podem conter informações pessoais sobre os seus proprietários ou utilizadores. É necessário que a IdC proteja a privacidade na transmissão, acumulação, armazenamento, análise inteligente e processamento de dados. A proteção da privacidade não deve constituir um obstáculo à autenticação da fonte de dados;

Serviços de alta qualidade e altamente seguros relacionados com o ser humano: É necessário que a IdC suporte serviços de alta qualidade e altamente seguros relacionados com o ser humano. Os diferentes países têm leis e regulamentos diferentes relativamente a estes serviços.

Nota. Os serviços relacionados com o corpo humano referem-se a serviços prestados através da recolha, transmissão e processamento de dados relacionados com as propriedades estáticas e as características dinâmicas do corpo humano, com ou sem intervenção humana;

Configuração automática: é necessário que a IdC ofereça uma capacidade de configuração automática que permita a rápida criação, geração ou aquisição de configurações baseadas na semântica, a fim de integrar e interoperar sem problemas as coisas ligadas com as aplicações e satisfazer os requisitos das aplicações;

Gerenciabilidade: A IoT exige que a gerenciabilidade seja mantida para garantir que a rede funcione adequadamente. Normalmente, as aplicações IoT funcionam automaticamente, sem intervenção humana, mas todo o processo deve poder ser gerido pelas partes adequadas.

As recomendações da ITU-T sobre IoT fazem parte da Série Y - "Infraestrutura Global de Informação, Aspectos do Protocolo Internet e Redes de Nova Geração". Pertenciam originalmente à lista Y.2000 -- Y.2999 "Next Generation Networks". Devido ao interesse crescente nas questões da IdC, algumas delas foram transferidas para a nova lista Y.4000 -- Y.4999 "Internet das Coisas, Cidades e Comunidades Inteligentes". No Anexo 1 é apresentada uma lista anotada das principais recomendações da ITU-T sobre questões relacionadas com a IdC.

4.4 Exemplos de dispositivos na IoT.

Etiquetas de identificação. As etiquetas de identificação são os dispositivos mais simples e mais comuns para identificar um objeto físico. Estas etiquetas podem ser de radiofrequência, ópticas, de infravermelhos, etc. Os sistemas RFID (identificação por radiofrequência) são constituídos por um leitor (leitor, leitor) e um transponder ligado de forma adequada a um objeto físico (etiqueta RFID, etiqueta RFID). Uma etiqueta RFID é constituída por um sistema de antena e um chip incorporado, Figura 4.7.

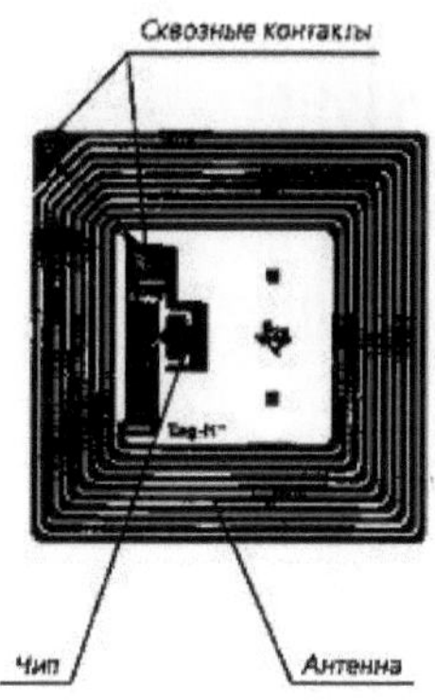

Fig.4.7 Etiqueta RFID

A antena da etiqueta RFID é activada duas vezes num ciclo de leitura:
1. Ao entrar na gama de ondas de rádio geradas pela antena do leitor RFID, a energia é armazenada para suportar o funcionamento do circuito lógico interno da

etiqueta e a modulação do sinal de rádio refletido;

2. Se o nível de emissão de rádio no local da etiqueta RFID for suficiente, a etiqueta gerará um sinal de resposta com as informações nela registadas.

O chip incorporado na etiqueta RFID pode ter os seguintes tipos de memória:

• RO (Read Only) - Os dados são escritos apenas uma vez, no momento do fabrico. Estas etiquetas só são adequadas para identificar um item físico. Não é possível escrever novas informações, pelo que são praticamente impossíveis de falsificar;

• WORM (Write Once Read Many) - para além de um identificador único, estas etiquetas contêm um bloco de memória escrito uma vez que pode ser lido muitas vezes no futuro;

• RW (Read and Write) - as etiquetas contêm um identificador e um bloco de memória para leitura/escrita de informações. Os dados que contêm podem ser substituídos várias vezes.

O leitor RFID desempenha a função de ligação às redes de comunicação. É capaz de ler e escrever dados na memória de etiquetas RFID compatíveis com ele. Devido à presença de um algoritmo anticolisão, os leitores RFID modernos são capazes de receber e processar simultaneamente informações de um grande número de etiquetas RFID que se encontram no campo de ação das suas antenas. Os leitores RFID podem ter diferentes interfaces de saída. Os modelos mais interessantes são os que suportam os protocolos Ethernet, Wi-Fi, PoE e IPv4 e IPv6.

Exemplos de etiquetas ópticas são os códigos de barras e os códigos QR. Os códigos de barras podem ser unidimensionais (1D) ou bidimensionais (2D). Os unidimensionais utilizam linhas e espaços para codificar informações de identificação. Os códigos de barras bidimensionais consistem em sequências mais complexas que podem codificar até 4 KB de dados, Fig. 4.8.

Figura 4.8. Exemplos de códigos de barras 1D e 2D

O código de barras pode ser impresso numa impressora especializada ou convencional. Pode ser lido por um scanner especializado ou por um dispositivo de uso geral (smartphone) com software de reconhecimento instalado. As etiquetas de infravermelhos incluem etiquetas e distintivos. As etiquetas de infravermelhos cosidas nos uniformes militares permitem que os soldados se distingam do inimigo utilizando dispositivos de visão nocturna. Os crachás de infravermelhos auto-alimentados podem ser utilizados para identificar a passagem ou o movimento de pessoal nos casos em que as etiquetas de radiofrequência não são desejáveis.

Sensores

Os sensores (ou transdutores) caracterizam-se por uma grande variedade, que se deve à diferente natureza das grandezas físicas observadas. Podem distinguir-se sensores de deslocamentos e acelerações, temperatura, humidade, pressão, corrente e tensão, campos eléctricos e magnéticos, radiação infravermelha, acústica, ultra-sónica e ótica, composição de gases, etc. De acordo com o princípio de funcionamento, os sensores podem ser geradores, paramétricos ou combinados, ter saída analógica ou digital. Estes últimos são especialmente interessantes para aplicações IoT.

Dispositivos de pré-tratamento

Os dispositivos de pré-processamento são característicos para o trabalho com sensores com saída analógica. O papel mais importante aqui pertence aos conversores analógico-digitais, que permitem a digitalização do sinal analógico de entrada.

Um exemplo de um dispositivo de pré-processamento é o chip ADE9000 da Analog Devices, concebido para a medição e determinação de alta precisão de vários parâmetros de sistemas de alimentação trifásicos com uma frequência de 50 Hz. Os sensores para o ADE9000 são transformadores de corrente analógicos externos ou correias Rogowski.

Microcontroladores

A principal função das unidades de microcontrolador (MCU) e do seu software é aproximar o processamento inteligente de dados do ponto de origem. Isto é particularmente importante nos casos em que esse processamento deve ser utilizado para produzir as acções de controlo necessárias com um atraso mínimo. Os microcontroladores constituem uma classe muito vasta, que inclui dispositivos para aplicações específicas e dispositivos para fins gerais. Os microcontroladores baseiam-se em microprocessadores de várias arquitecturas, num subsistema de memória e num subsistema de interfaces suportadas. No entanto, para além de satisfazerem os requisitos gerais dos dispositivos IoT, como a dimensão reduzida, o consumo de energia ultra-baixo e o baixo custo, os microcontroladores IoT devem também conter características de segurança de hardware. Isto reflecte-se na sua arquitetura.

Dispositivos de comunicação

As funções de comunicação têm um papel fundamental na IdC, uma vez que os dispositivos que as implementam participam em todos os cenários de implantação, de acordo com a Fig. 3.1. As interacções horizontais e verticais de transferência de informações podem ser distinguidas de forma grosseira. As primeiras representam as interacções entre dispositivos a um nível da hierarquia do sistema e as segundas representam as interacções entre dispositivos abaixo e acima. Exemplos de interacções horizontais são as ligações entre dispositivos IoT vizinhos através de ligações de rede local. As interacções verticais são representadas por ligações do seguinte tipo

Dispositivo IoT $\rightarrow$ Dispositivo IoT $\rightarrow$ dispositivo IoT subjacente $\rightarrow$ gateway $\rightarrow$ rede externa.

Como referido na Recomendação Y.2060, a infraestrutura de rede na IdC pode ser formada utilizando redes existentes, como as redes tradicionais baseadas em TCP/IP, e/ou redes em evolução, como as redes da próxima geração. Neste caso, são utilizados como meio físico meios concentrados, sob a forma de linhas de fibra ótica ou de cobre, ou meios etéricos distribuídos. Nestes últimos, a transmissão de informações é efectuada por meio de radiação infravermelha, ultra-sónica, rádio ou ótica. Mesmo dentro de um ambiente IoT local podem existir diferentes soluções, cuja escolha racional é determinada por condições e tarefas específicas.

Os dispositivos de comunicação, enquanto classe de dispositivos IoT, devem cumprir requisitos gerais, como a dimensão e o consumo de energia reduzidos, a segurança e a velocidade elevadas, a autonomia e o baixo custo. Isto é especialmente verdadeiro para os dispositivos de comunicação da IdC que estão próximos de objectos físicos. O baixo consumo de energia e a ausência de linhas com fios proporcionam um funcionamento autónomo e mobilidade, o que é fundamental para os dispositivos de comunicação IoT próximos de objectos físicos. Ao mesmo tempo, a elevada segurança e o elevado desempenho, bem como o suporte das pilhas de protocolos necessárias, são importantes para as gateways. Do ponto de vista do cumprimento destes requisitos, os dispositivos de RF que implementam uma série de protocolos de comunicação orientados para a IoT tornaram-se recentemente os mais difundidos. Os principais destes protocolos são abordados de seguida.

Protocolos de comunicação sem fios na IoT

Os protocolos de comunicação sem fios para dispositivos IoT são categorizados nas seguintes camadas de rede, consoante a área de cobertura:

- Rede de área alargada sem fios (WWAN);
- Rede metropolitana sem fios (WMAN);
- Rede local sem fios (WLAN);
- Redes de área pessoal sem fios (WPAN).

A camada WWAN inclui protocolos de comunicação celular de diferentes gerações: 2G-GSM, CDMA, 3G-UMTS, CDMA2000, 4G-LTE, 5G. Cada geração subsequente caracteriza-se por velocidades de transmissão de dados mais elevadas. As soluções mais modernas são a 4G-LTE e a 5G. As primeiras fornecem débitos de 100 Mbps para os assinantes móveis e de 1 Gbps para os assinantes estáticos. As especificações em desenvolvimento e as implementações 5G estabelecidas apresentam resultados 50 vezes ou mais superiores.

Os protocolos deste nível encontram a sua aplicação em dispositivos IoT de uso geral, como telemóveis e smartphones, netbooks e tablets. Isto é facilitado pela massa de assinantes de telemóveis, pela maior cobertura geográfica e pela infraestrutura de estações de base implantada.

4.5 Aplicações da IoT.

Na aplicação da Internet das Coisas, é possível observar os seguintes aspectos que devem ser tidos em conta: sistémico, projeto, informação, gestão, intelectual. O aspeto sistémico permite-nos considerar um sistema, uma tecnologia ou um processo de uma perspetiva sistémica. A partir destas posições, a IoT é um sistema distribuído, que se caracteriza pelos problemas dos sistemas distribuídos. O aspeto da conceção permite-nos considerar o esquema IoT como uma conceção da informação. O aspeto da informação permite-nos considerar a IdC como uma inter-rede de dispositivos físicos, veículos (também designados por "dispositivos conectados" e "dispositivos inteligentes"), edifícios e outros objectos dotados de eletrónica, software, sensores, actuadores e uma rede que permite a estes objectos recolher e trocar dados.

O aspeto da governação exige que se considere a IdC como um sistema com uma governação centrada na rede ou subsidiária.

O aspeto intelectual exige a divisão da IdC por funções em "inteligentes" e "espertas". Os sistemas e as tecnologias inteligentes (smart) [306] desempenham as funções de apoio e de "estímulo" a uma pessoa em situações complexas. Essencialmente, utilizam o conhecimento como experiência para resolver problemas em situações complexas. Os sistemas e tecnologias inteligentes utilizam o conhecimento para procurar novas soluções e obter novos conhecimentos nesta base.

O conceito de IdC foi aplicado pela primeira vez em 1999 no Auto-ID Center do Massachusetts Institute of Technology (MIT). A identificação por radiofrequência (RFID) foi destacada por Kevin Ashton como um pré-requisito para a Internet das coisas nessa altura [307]. Ao fazê-lo, Ashton preferiu a expressão "Internet das Coisas". A ideia de base da identificação era que, se todos os objectos e pessoas da vida quotidiana estivessem equipados com identificadores, os computadores poderiam geri-los e inventariá-los [308].

Para além da utilização da RFID, a etiquetagem de artigos físicos pode ser conseguida utilizando tecnologias como a comunicação de campo próximo, códigos de barras, códigos QR e marcas de água digitais.

Um dos primeiros objectivos da introdução da Internet das Coisas, ao equipar todos os objectos do mundo com dispositivos de identificação miniaturizados, era transformar a vida quotidiana, por exemplo, o controlo instantâneo e contínuo das existências passaria a estar disponível para o consumidor médio.

Meios de comunicação social. Partiu-se do pressuposto de que os dados nos meios de comunicação social são grandes dados e permitem a avaliação de acções práticas sobre milhões de pessoas. Consequentemente, o impacto na sociedade está a afastar-se da abordagem tradicional de utilização de meios de comunicação específicos, como jornais, revistas ou programas de televisão. Esta tecnologia afecta as massas em geral. Em vez disso, a IoT utiliza os consumidores com tecnologias que chegam aos consumidores-alvo em momentos e locais óptimos. O objetivo final da IdC é servir ou entregar uma mensagem ou conteúdo que corresponda estatisticamente à mentalidade do consumidor. Por exemplo, os ambientes de publicação estão cada vez mais a adaptar as mensagens (anúncios) e os conteúdos (artigos) para chegar aos consumidores cujas informações foram aprendidas através de várias acções para manter os dados sobre eles. Por exemplo, os sistemas de compras inteligentes podem seguir os hábitos de compra de utilizadores específicos numa loja, capturando os seus telemóveis. Nesta base, uma base de dados temática de consumidores gera ofertas especiais sobre os seus produtos preferidos ou mesmo a localização dos artigos necessários, enviando-os automaticamente por SMS para o seu telemóvel. Esta tecnologia é um exemplo típico de tecnologia IoT inteligente.

Monitorização ambiental. As aplicações de monitorização ambiental da IoT utilizam sensores para avaliar as condições ambientais, monitorizando a qualidade do ar ou da água, as condições atmosféricas ou do solo. As tecnologias IoT podem incluir domínios como a monitorização dos movimentos da vida selvagem e dos seus habitats. O desenvolvimento de dispositivos ligados em rede, com recursos limitados, cria o potencial para o alerta precoce de deslizamentos de terras ou tsunamis. O desenvolvimento de sistemas de sensores de alerta pode ser utilizado pelos serviços de emergência para prestar uma melhor assistência. Os dispositivos IoT nestas aplicações cobrem uma grande área geográfica e podem também ser móveis [309].

Gestão de infra-estruturas. Uma aplicação importante da IdC como sistema distribuído é a monitorização e o controlo distribuídos das operações das infra-estruturas urbanas, de transportes e rurais. A infraestrutura da IdC pode ser utilizada para monitorizar quaisquer eventos ou alterações que constituam uma ameaça à segurança ou aumentem o risco. Pode também ser utilizada para programar eficazmente as actividades de manutenção, coordenando as tarefas entre os prestadores de serviços e os utilizadores dessas instalações [309]. Os dispositivos IdC podem também ser utilizados para gerir infra-estruturas críticas, como pontes que dão acesso a navios. A utilização de dispositivos IdC para monitorizar e tornar operacionais as infra-estruturas melhora a coordenação da gestão de incidentes e a resposta a emergências. A utilização de dispositivos IdC melhora a qualidade do serviço e o tempo de inatividade e reduz os custos operacionais em todos os domínios relacionados com as infra-estruturas.

Em 2013, a Iniciativa Global de Normalização da Internet das Coisas (IoT-GSI) definiu a IoT como uma infraestrutura global para a sociedade da informação, que fornece serviços melhorados através da ligação de coisas (físicas e virtuais) com base em sistemas interoperáveis existentes e em evolução.

Fabrico. O controlo e a gestão em rede dos equipamentos de produção, a gestão dos activos e da situação ou o controlo dos processos estão a levar a IdC às aplicações industriais e ao fabrico inteligente. Os sistemas IoT inteligentes permitem a criação rápida de novos produtos, a resposta dinâmica aos requisitos dos produtos e a otimização em tempo real da cadeia de produção e da rede da cadeia de abastecimento utilizando equipamentos, sensores e sistemas de controlo ligados em rede [309].

Os sistemas de controlo digital para o controlo automatizado de processos, as ferramentas do operador e os sistemas de informação sobre manutenção para otimizar a segurança e a proteção das instalações são abrangidos pela IoT. As tecnologias IoT também se estendem à gestão de activos através da manutenção preditiva, da avaliação estatística e da medição para maximizar a fiabilidade. Os sistemas inteligentes de controlo industrial podem também ser integrados na rede inteligente para otimizar o consumo de energia em tempo real. As medições, os sistemas de controlo automatizados, a otimização das instalações, a gestão da saúde e da segurança e outras funções são asseguradas por um grande número de sensores ligados em rede.

O termo IIoT (Industrial Internet of Things - Internet Industrial das Coisas) encontra-se frequentemente nas indústrias transformadoras, referindo-se ao subconjunto industrial da IoT. A IIoT na indústria transformadora pode gerar tanto valor comercial que acabará por conduzir à quarta revolução industrial, a chamada Indústria 4.0 . Estima-se que, no futuro, as empresas bem sucedidas poderão aumentar as suas receitas tirando partido da Internet, criando novos modelos de negócio e aumentando a produtividade, utilizando a análise para inovar e transformando a mão de obra .

Gestão da energia. A integração de sistemas de controlo ligados à Internet pode otimizar o consumo geral de energia [305]. Prevê-se que os dispositivos IoT sejam integrados em todos os tipos de dispositivos que consomem energia (interruptores, tomadas eléctricas, lâmpadas, televisores, etc.). Os dispositivos IoT poderão comunicar com a empresa de fornecimento de energia para equilibrar a produção de energia de forma eficiente. Esses dispositivos também permitem aos utilizadores controlar remotamente os seus dispositivos ou geri-los centralmente através de uma interface na nuvem e possibilitam funcionalidades avançadas como a programação (por exemplo, ligar ou desligar remotamente sistemas de aquecimento, controlar fornos, mudar a iluminação, etc.) [309].

Para além da gestão da energia doméstica, a IdC é relevante para a rede inteligente, dado que fornece sistemas para recolher e processar informações sobre energia e potência de forma automatizada, a fim de melhorar a eficiência, a fiabilidade, a economia e a sustentabilidade da produção e distribuição de energia. Utilizando dispositivos avançados de infraestrutura de medição ligados à espinha dorsal da Internet, os serviços de eletricidade podem não só recolher dados dos utilizadores finais, mas também controlar outros dispositivos de distribuição, como transformadores e religadores [309].

Cuidados médicos e de saúde. Os dispositivos IoT podem ser utilizados para monitorização remota do estado de saúde e sistemas de alerta de emergência para doentes. Sensores especializados em ambientes residenciais para monitorizar a saúde e o bem-estar geral dos idosos, bem como para garantir um tratamento adequado e ajudar as pessoas a recuperar a mobilidade perdida através da terapia. Estes dispositivos de monitorização do desempenho podem variar entre monitores de pressão arterial e de ritmo cardíaco e dispositivos avançados capazes de rastrear implantes especializados   ,   como dispositivos   electrónicos.

pacemakers Fitbit ou aparelhos auditivos avançados [309].

Alguns hospitais começaram a introduzir "camas inteligentes" que podem detetar quando estão ocupadas e quando um doente se está a tentar levantar. Podem também ajustar-se para fornecer pressão e apoio adequados ao doente sem intervenção manual dos enfermeiros. Outros dispositivos de consumo também são possíveis com a IoT para

incentivando estilos de vida saudáveis, como balanças conectadas ou monitores cardíacos portáteis [310]. Cada vez mais plataformas IoT de monitorização da saúde de ponta a ponta são adequadas para pacientes pré-natais e crónicos, ajudando a gerir funções vitais e necessidades recorrentes de cuidados de saúde.

Automatização de edifícios e casas. Os dispositivos IoT podem ser utilizados para monitorizar e controlar sistemas mecânicos, eléctricos e electrónicos utilizados em diferentes tipos de edifícios (por exemplo, públicos e privados, industriais, educativos ou residenciais) [309] em sistemas de domótica e de automatização de edifícios. Neste contexto, três áreas principais são consideradas na literatura [310].

Integrar a Internet nos sistemas de gestão da energia dos edifícios para criar edifícios inteligentes e eficientes do ponto de vista energético geridos pela IOT.

Possíveis ferramentas de monitorização em tempo real para reduzir o consumo de energia e monitorizar o comportamento dos passageiros.

Integração de dispositivos inteligentes no ambiente incorporado e modo como podem ser utilizados em aplicações futuras.

A IdC pode ajudar a integrar a comunicação, o controlo e o processamento de informações em vários sistemas de transporte. A aplicação da IdC estende-se a todos os aspectos dos sistemas de transporte (ou seja, veículo, infraestrutura e condutor ou utilizador). A interação dinâmica entre estes componentes do sistema de transportes permite a comunicação no veículo, a gestão inteligente do tráfego, o estacionamento inteligente, os sistemas electrónicos de cobrança de portagens, a logística e a gestão de frotas, a gestão de veículos, a segurança e a assistência na estrada [309].

5. Sistemas tecnológicos subsidiários.

A complexidade dos sistemas subsidiários manifesta-se principalmente na tecnologia. Os sistemas subsidiários podem ser vistos como um subconjunto dos sistemas complexos. Os sistemas subsidiários existem no espaço, são constituídos por matéria e energia e utilizam informação organizada. É importante notar que os sistemas subsidiários podem ser vivos ou não vivos. São um exemplo da relação entre os organismos vivos e os sistemas técnicos. A partir destas posições, são de interesse para a cibernética e os sistemas de inteligência artificial.

Os sistemas subsidiários não são antagónicos aos sistemas hierárquicos. Estruturalmente, estão mais próximos dos sistemas em rede, dos sistemas centrados em redes e das redes inteligentes. Por conseguinte, os modelos topológicos desempenham neles um papel importante. Nos sistemas técnicos, estão mais claramente representados nas tecnologias da Internet das coisas e nos sistemas ciberfísicos. Nos sistemas vivos, no que respeita ao aspeto comportamental, estão relacionados com sistemas que envolvem dois tipos de comportamento: o de grupo e o individual. O conflito entre estes comportamentos é resolvido pelas tecnologias de subsidiariedade. Nos sistemas vivos, no aspeto do desenvolvimento, estão relacionados com sistemas caracterizados pelo fenómeno da divisibilidade como desenvolvimento e sobrevivência.

Nos sistemas informáticos, os sistemas subsidiários são mais claramente representados pelos vírus informáticos, que competem pela sobrevivência e têm a propriedade de se reproduzir. Os sistemas subsidiários são também representados por sistemas multi-agentes. Por este motivo, são aplicados no domínio da segurança da informação. Até à data, a teoria dos sistemas não investiga os sistemas e processos subsidiários.

5.1. O suprasistema na subsidiariedade

O supersistema de qualquer sistema é um sistema hierarquicamente superior. O sistema em relação ao supersistema é um componente ou subsistema. O mundo é um sistema de sistemas aninhados uns nos outros. Estes conjuntos de sistemas podem ser construídos desde o sistema mais pequeno até ao maior. O agrupamento dos objectos do mundo circundante permite aplicar a abordagem sistémica ao estudo dos objectos e das suas relações. A abordagem sistémica é aplicada com sucesso no estudo do mundo que nos rodeia e na análise das suas propriedades. Em termos gerais, a análise de sistemas é utilizada para descrever uma imagem completa do mundo e não problemas científicos individuais. O agrupamento estrutural dos sistemas é apresentado na Figura 5.1

Supersistema
sistema
Subsistema

Fig.5.1 A tríade do agrupamento estrutural em termos de sistemas

A tríade "supersistema-sistema-subsistema-subsistema" constitui a base da interconexão dos sistemas do mundo que nos rodeia. Este modelo de sistema mais simples do mundo inclui três componentes (Fig. 32.1). Ao contrário do modelo das díades, o modelo das tríades é mais complexo. Utiliza uma lógica não binária mas triádica para mostrar a ligação de três objectos.

Um subsistema pode incluir certas partes ou blocos. Estes formam um nível ainda mais pequeno. Esta divisão continua até ao elemento e ao nível elementar. No entanto, salientamos que, numa tal divisão, é necessário determinar o critério de divisibilidade do sistema. Dependendo do critério de divisibilidade, podem ser obtidos diferentes elementos e diferentes níveis elementares. Apenas um elemento do sistema é indivisível. O agrupamento estrutural não é uma estrutura, mas um reflexo da hierarquia das relações no sistema e no seu ambiente. A estrutura do sistema é o esquema de conexões e relações entre partes e elementos do sistema. O lugar de um elemento do sistema na estrutura caracteriza a posição do elemento nesta estrutura.

Por exemplo, o supersistema de uma célula ou de um tecido é o órgão em que se encontra; o supersistema de um organismo é o grupo em que se encontra atualmente. Presumivelmente, todos os sistemas têm um supersistema, exceto o "universo". O ambiente imediato é o supersistema menos o próprio sistema. Todo o ambiente inclui este mais o supersistema e os sistemas de todos os níveis superiores que o contêm. Para sobreviver, o sistema tem de interagir e adaptar-se ao seu ambiente, outras partes do supersistema. Estes processos alteram tanto o sistema como o seu ambiente. Não é de surpreender que os sistemas dinâmicos se adaptem e até moldem o seu ambiente. Como resultado, após algum tempo de interação, cada um deles torna-se, de certa forma, um espelho do outro. Como salientou

Tolman, cada um de nós transporta consigo um "mapa cognitivo" do seu ambiente com maior ou menor precisão - a informação armazenada, as experiências que são necessárias para viver eficazmente no ambiente externo. Assim, a presença de um supersistema dá motivos para considerar o sistema como subsidiário do supersistema.

5.2. Sistemas subsidiários vivos

Os sistemas vivos são um subconjunto especial do conjunto de todos os sistemas concretos possíveis. Os sistemas vivos são subsidiários se tiverem a propriedade da divisibilidade (Fig. 5.2). Os sistemas vivos são subsidiários se tiverem a propriedade de comportamento de grupo

Para além da fissão, existem outros modos de reprodução sem sexo: brotamento, fragmentação, poliembrionia, formação de esporos, reprodução vegetativa

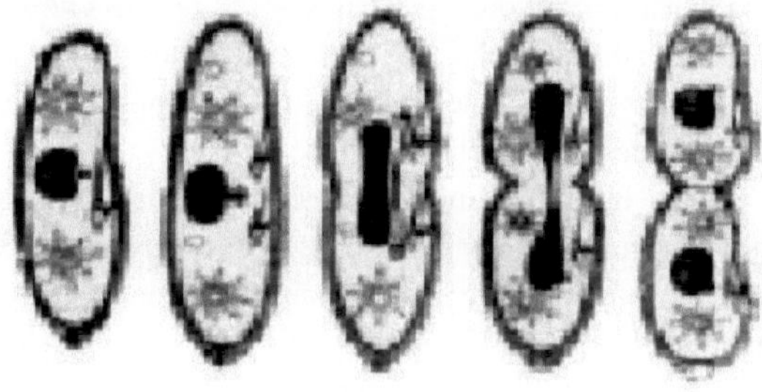

Fig.5.2 A divisibilidade como manifestação da subsidiariedade

A reprodução sem sexo é uma expressão de subsidiariedade nos sistemas vivos. Os sistemas vivos são constituídos por classes, grupos, subgrupos, organizações e agregados. Todos eles têm as seguintes características:

1) Trata-se de sistemas abertos com entradas, saídas e entradas significativas de vários tipos de matéria-energia e informação.

2) Mantêm um estado estacionário de não-entropia, mesmo que ocorram alterações entrópicas. Para tal, aceitam entradas de alimento ou combustível, matéria-energia mais elevada em complexidade ou organização ou não-entropia, ou seja, mais baixa em entropia do que as suas saídas. Esta diferença permite-lhes restaurar a sua própria energia e reparar as falhas na sua própria estrutura organizada.

Confrontar os sistemas vivos para impedir as trocas através das suas fronteiras resulta naquilo a que Brillouin chama "morte em confinamento". Uma vez que a segunda lei da termodinâmica é uma seta que aponta ao longo de um caminho unidirecional de movimento inevitável para a frente, a que chamamos tempo, a entropia aumentará sempre nos sistemas vivos com paredes. A desorganização subsequente acabará por levar ao fim do sistema, mas a segunda lei não estabelece a taxa a que a dissolução se aproxima. A taxa pode até ser zero durante algum tempo; a Segunda Lei não tem limite de tempo.

107

3)   têm uma variedade de níveis de dificuldade.

4)   Ou contêm material genético constituído por ácido desoxirribonucleico (ADN), presumivelmente descendente de um ADN primário comum a toda a vida, ou têm uma carta. Uma delas é o modelo - o "plano" ou "programa" original - da sua estrutura e processo desde o seu início.

5)   Compreendem principalmente uma suspensão aquosa de macromoléculas, proteínas construídas a partir de cerca de 20 aminoácidos e outros compostos orgânicos característicos, e podem também incluir componentes não vivos.

6)   São cruciais, o subsistema crítico mais importante que controla todo o sistema, fazendo com que os seus subsistemas e componentes interajam. Sem esta interação sob o controlo do decisor, não existe sistema.

7)   Têm também outros subsistemas críticos específicos ou mantêm relações simbióticas ou parasitárias com outros sistemas vivos ou não vivos que realizam os processos de qualquer subsistema em que estejam ausentes.

8)   Os seus subsistemas são reunidos para formar sistemas unitários, evolutivos e ativamente auto-regulados, com metas e objectivos.

9)   Só podem existir num determinado ambiente. Qualquer alteração no seu ambiente de variáveis como a temperatura, a pressão atmosférica, a hidratação, o teor de oxigénio atmosférico ou a intensidade da radiação, para além da gama relativamente estreita que ocorre à superfície da Terra, cria tensões que não podem regular. Sob tais tensões, não podem sobreviver.

5.3. Tipos de sistemas vivos

Existem diferentes tipos de sistemas vivos.

Sistema totipotencial. Um sistema vivo que é capaz de realizar todos os processos críticos do subsistema necessários à vida é um sistema totipotencial. Alguns sistemas são totipotenciais apenas durante certos períodos da sua existência. Por exemplo, as galinhas não podem pôr um ovo quando eclodem, embora sejam uma espécie prematura que pode cuidar de si própria quando eclode. Por isso, um pinto não deve ser chamado de totipotencial até que tenha atingido a maturidade e seu subsistema reprodutivo esteja funcional.

Sistema partipotencial. Um sistema vivo que não efectua ele próprio todos os processos críticos do subsistema é um sistema partipotencial . Este é um caso especial, enquanto um sistema partipotencial é um caso geral. Um sistema partipotencial deve interagir com outros sistemas que possam realizar os processos que ele não realiza, ou não sobreviverá. Para fornecer os processos em falta, os sistemas partipotenciais devem ser parasitas ou simbióticos com outros sistemas vivos ou não vivos.

6. Divisibilidade no domínio da informação

A divisibilidade no domínio da informação é um modelo adequado de divisibilidade dos sistemas vivos. Além disso, é também um modelo para os sistemas não vivos. Por conseguinte, pode ser considerado como um elo de transição entre sistemas vivos e não vivos, bem como uma generalização de sistemas subsidiários.

A evolução do desenvolvimento de sistemas complexos e de sistemas de controlo no domínio da informação pode ser analisada na perspetiva da evolução dos seres vivos. O desenvolvimento de sistemas técnicos e organizacionais complexos pode ser visto como a coordenação de acções internas e a eliminação de contradições com o ambiente externo. À medida que a complexidade dos sistemas em desenvolvimento aumenta, aumenta a contradição entre a necessidade de tomar decisões rápidas e o aumento do tempo para analisar as acções de gestão, incluindo os fluxos de informação directos e inversos. A complexidade e a escala da gestão conduzem a um aumento do segundo tipo de problemas que não podem ser resolvidos por um algoritmo direto. Se considerarmos um algoritmo como um esquema de gestão e desenvolvimento, podemos falar de algoritmos de gestão e de sistema algorítmico de gestão. A ideia de divisibilidade dos objectos do campo da informação é um desenvolvimento da ideia de divisibilidade dos organismos vivos como instrumento de desenvolvimento e de evolução. Consideremos como base a velocidade e as fases de crescimento dos microorganismos, adaptando-os ao desenvolvimento de sistemas complexos. Em meios nutritivos, o crescimento e a reprodução das bactérias ocorrem em várias fases, diferentes na quantidade de alimento disponível e na acumulação de produtos residuais da atividade vital:

A primeira fase (latente) é determinada por factores de adaptação ao meio nutritivo. Neste momento, os microrganismos estão apenas a habituar-se às novas condições. Não se observa crescimento bacteriano.

A segunda fase   (exponencial)   é caracterizada pelo crescimento da progressão geométrica (aumento ao longo de uma curva exponencial). Durante este período, as células bacterianas crescem ativamente, utilizando todo o alimento disponível (taxa de crescimento máxima). Depois de atingir um determinado tamanho, a bactéria começa a dividir-se e o processo de reprodução prossegue a um ritmo constante, uma vez que o fornecimento de alimentos continua a ser suficiente. Como resultado do aumento da taxa de crescimento e reprodução, os produtos residuais (toxinas) acumulam-se no ambiente. No final da fase, a taxa de crescimento começa a diminuir.

A terceira fase é caracterizada por um crescimento estacionário, ou seja, o número de células "recém-nascidas" coincide com o número de células mortas. Nesta fase, a curva de crescimento e de reprodução não se eleva mais. O ritmo de crescimento abranda. Durante algum tempo, o número total de bactérias no meio nutriente permanece inalterado. No entanto, devido ao aparecimento de novos "membros da família", as reservas de nutrientes diminuem e a toxicidade do meio aumenta. Este processo piora as condições de vida de toda a colónia.

A quarta fase, a extinção microbiana, ocorre como resultado de uma diminuição catastrófica de alimentos e de um aumento da toxicidade do ambiente. O número de organismos vivos está a diminuir constantemente e, eventualmente, há menos células viáveis do que as suas contrapartes mortas.

Todas estas fases são características dos sistemas complexos, incluindo os sistemas de controlo e os sistemas de execução.

Uma análise teórica dos conjuntos sobre a divisibilidade dos sistemas.

A figura 6.1 mostra um sistema de gestão hierárquico típico. Vamos mostrar no seu exemplo a evolução e o desenvolvimento das relações entre a organização-mãe (gestora) e a organização operacional (executante).

Na Fig. 6.1, convencionalmente, o conjunto *A* representa a empresa-mãe, *B, C, D* - as suas sucursais ou subdivisões. Na Fig. 6.1, o símbolo A representa a direção-geral, no caso de uma empresa; B, C1 - os órgãos de gestão das subdivisões; D - as subdivisões operacionais.

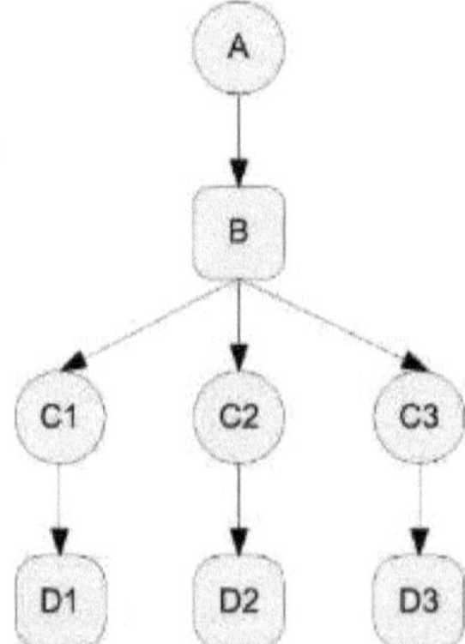

Fig.6.1 Esquema de gestão hierárquica

A situação de informação que descreve os conjuntos da empresa operacional e da empresa-mãe é apresentada na Figura 6.2.

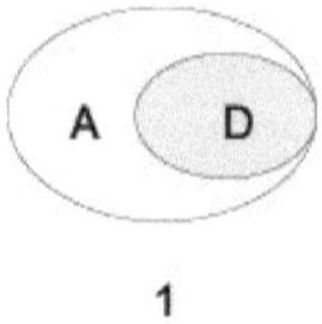

Fig.6.2 Relação entre as empresas operacionais e a empresa-mãe
gestão hierárquica.

Na Fig.6.2, o número 1 significa a primeira situação evolutiva inicial entre a empresa-mãe e a filial. As condições de subordinação de D a A para a situação de informação da Fig. 6.2 são as seguintes

$$D \subset A \ (3)$$

$$D \setminus A = \varnothing \ (4)$$

As expressões (3) e (4) significam que as actividades da filial se inserem plenamente no âmbito da empresa-mãe (3).

Não existe atividade independente da filial (4). Se as condições externas e as relações entre D e A forem estacionárias, a situação da Fig. 6.2 mantém-se enquanto as condições não se alterarem. A cada 2-3 anos, a quantidade de informação utilizada na gestão duplica. Este facto altera a natureza da relação entre as empresas operacionais e a empresa-mãe. A influência do ambiente externo e dos concorrentes impõe novas exigências acrescidas à velocidade de transmissão e processamento da informação. A intensidade da interação de informação entre D e A está a aumentar. No processo de desenvolvimento das relações entre D e A e de instabilidade do ambiente externo, verifica-se uma evolução das relações entre D e A. É o que mostra a Fig.6.3.

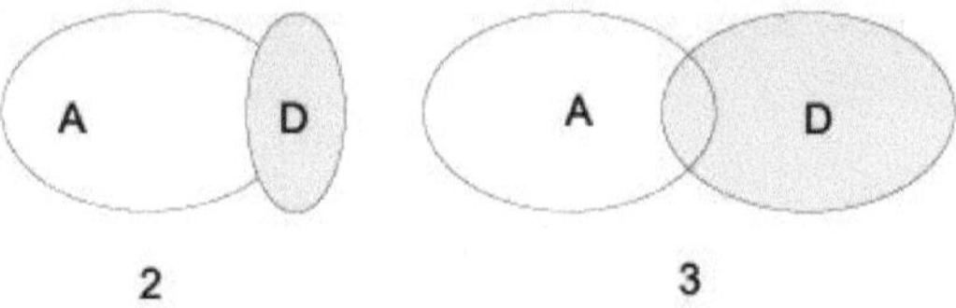

Figura 6.3. Evolução das relações entre as empresas operacionais e as empresas-mãe

As situações 2 e 3 da Figura 6.3 reflectem as seguintes tendências. O ambiente externo tem um impacto sobre a filial. O âmbito da esfera de ação da filial aumenta em largura (situação 2) e em profundidade (situação 3). As relações D para A para a situação de informação 2 na Fig.3 são as seguintes

$$D \setminus A \neq \varnothing \ (5)$$

$$(A \cap D) > D \setminus A \ (6)$$

$$D < A \ (7)$$

A expressão (5) significa que existe uma atividade independente da filial que não se insere no âmbito da empresa-mãe. A expressão (6) significa que a atividade independente da filial é muito insignificante em comparação com as actividades conjuntas de D e A. A expressão (7) significa que o âmbito das actividades independentes da filial é insignificante em comparação com o âmbito da empresa-mãe. Os rácios de D para A para a situação de informação 3 na Figura 4.3 são os seguintes

$$D \setminus A \neq \varnothing \ (8)$$

$$(A \cap D) < D \setminus A \ (9)$$

$$D \approx A. \ (10)$$

A expressão (8), tal como a expressão (5), reflecte o facto de existirem actividades independentes da filial que não se encontram no âmbito da empresa-mãe. A expressão (9) significa que as actividades independentes da filial são significativas em comparação com as actividades conjuntas de D e A. A expressão (10) significa que a escala das actividades independentes da filial é proporcional à da empresa-mãe. Se a influência do ambiente externo aumentar, a evolução continua e surge a situação de informação número 4, apresentada na Fig. 6.4.

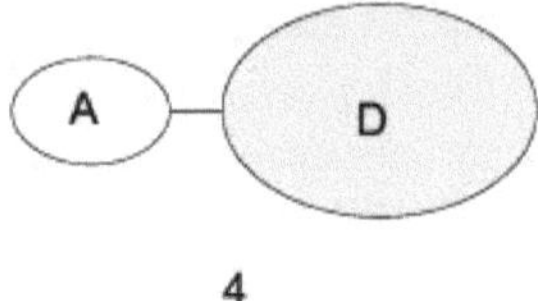

4

Fig.6.4 Evolução das relações entre as empresas operacionais e as empresas-mãe

As relações entre D e A para a situação de informação 4 na Fig. 6.4 são as seguintes

$$D \cup A \approx \varnothing \ (11)$$

$$(A \cap D) \approx \varnothing \ (12)$$

$$(D > A) \vee (D >> A) \ (13)$$

A expressão (11) indica que as áreas de atividade conjunta D e
A são insignificantes. A expressão (12) indica o facto de a atividade conjunta de D e A ser praticamente inexistente. A expressão (13) significa que a atividade independente da filial excede ou ultrapassa significativamente o âmbito da empresa-mãe. Esta gestão é designada por gestão da filial. A gestão da filial desloca o centro de gravidade da gestão para a periferia. As situações 1, 2. 3, 4 reflectem a transformação da gestão hierárquica em gestão subsidiária.
Em geral, as situações 1, 2. 3, 4 caracterizam uma propriedade do campo de informação, que se pode designar por divisibilidade dos objectos do campo de informação. Definição: a divisibilidade dos objectos do campo de informação é a sua capacidade de alterar as escalas de atividade conjunta e de alterar as escalas da sua própria atividade no processo de evolução. A divisibilidade dos objectos do campo de informação é a base do autodesenvolvimento dos objectos do campo de informação e do seu habitat.
Sinais de divisibilidade no domínio da informação.
Um traço caraterístico do domínio da informação é a utilização generalizada da informação, dos recursos de informação, da gestão da informação e da gestão

intelectual. Isto determina o primeiro sinal de separabilidade dos objectos do domínio da informação: a presença de modelos de informação para os objectos do domínio e a possibilidade de modelização da informação.

A particularidade da evolução dos objectos do domínio da informação reflectida nas situações 1-4 consiste na separação dos objectos por escala e âmbito. Isto determina a segunda caraterística da separabilidade dos objectos do domínio da informação: a possibilidade de construir modelos e estruturas distribuídas.

A peculiaridade da evolução dos objectos do campo de informação, reflectida pelas situações 1-4, é a violação da correspondência de informação e a dinâmica das acções dos objectos. Isto determina a terceira caraterística da separabilidade dos objectos do campo de informação: a presença de condições de mudança do ambiente externo e a presença de dinâmica das relações entre objectos.

A particularidade da evolução dos objectos do campo de informação reflectida nas situações 1-4 é a possibilidade da sua modificação sob a influência do ambiente externo. Isto determina a quarta caraterística da separabilidade dos objectos do campo de informação: a presença de um mecanismo de auto-organização ou de regras de modificação do comportamento ou, pelo menos, de um mecanismo de feedback.

A peculiaridade da evolução dos objectos do campo de informação reflectida pelas situações 1-4 é a necessidade de aplicar recursos internos para a modificação do estado e o escalonamento. Isto determina a quinta caraterística da separabilidade dos objectos do campo de informação: disponibilidade de recursos para modificação interna.

A particularidade do campo de informação consiste na presença de elementos do campo de informação - unidades de informação. Isto determina a sexta caraterística da divisibilidade dos objectos do campo de informação: a possibilidade de decomposição dos objectos do campo de informação ao nível das unidades de informação.

A análise da separabilidade dos objectos do campo de informação cria condições para a evolução de sistemas complexos de qualquer tipo: sistemas técnicos, tecnológicos, centrados em redes e sistemas organizacionais complexos.

A divisibilidade dos objectos de informação é possível na presença de relações desenvolvidas no campo de informação [311]. A delimitabilidade dos objectos do campo de informação permite resolver problemas que não podem ser resolvidos em sistemas hierárquicos estacionários. A divisibilidade dos objectos do campo de informação só pode existir em sistemas complexos e não existe em sistemas simples com um pequeno número de elementos e ligações. A delimitação dos objectos do campo de informação é efectuada com base na integração de tecnologias hierárquicas e distribuídas. A divisibilidade dos objectos do domínio da informação exige a utilização de unidades de informação como meio de análise do sistema de controlo. A divisibilidade dos objectos do domínio da informação é identificada e analisada com base na análise lógica e funcional. A divisibilidade dos objectos do campo de informação é identificada com base na dinâmica da estrutura. A divisibilidade dos objectos do domínio da informação permite avaliar a oportunidade da gestão da subsidiariedade e é um sinal de criação da gestão da subsidiariedade. A separabilidade dos objectos do campo de informação nos sistemas complexos contribui para a fiabilidade e a eficácia da gestão.

6.1. Objetivo e objetivo variável.

Cada sistema subsidiário tem um objetivo. A particularidade de um sistema subsidiário, ao contrário de muitos outros sistemas, é a presença de um objetivo variável. Normalmente, os objectivos podem ser alterados pela situação ou por um comando superior. Mudar o objetivo de acordo com a situação é uma caraterística de um sistema subsidiário. Os objectivos são formados pelo sistema com base numa determinada hierarquia de valores, que gera regras de decisão que favorecem um estado estável interno em detrimento de outro. Este valor de objetivo é derivado de uma comparação que corresponde à informação obtida por feedback negativo para determinar se a variável é mantida no valor de estado estacionário apropriado. Para um sistema subsidiário, a existência de um objetivo principal para uma situação e um conjunto de objectivos variáveis para possíveis desenvolvimentos da situação são inicialmente definidos.

Para um fator de objetivo, existe um conceito de *valor* de objetivo como um dos valores possíveis, que é selecionado com base na análise da situação. Isto cria a possibilidade de uma gestão multi-objetivo. Neste sentido, o valor do objetivo é normativo.

O valor do objetivo define o estado estacionário para as acções do sistema. O sistema toma uma ação alternativa em vez de outra porque é provável que mantenha o estado estacionário definido pelo valor do objetivo. Quando perturbado, este estado é restaurado pelo sistema através de aproximações sucessivas para relaxar a distorção do desfasamento reconhecido no sinal de feedback e de comparação. Qualquer sistema pode ter mais do que um objetivo em simultâneo.

Um sistema pode também ter objectivos internos e externos. Pode ter mais do que um objetivo ao mesmo tempo. Para além do significado de objetivo, existe a noção de qualidade do objetivo no sentido da sua categoria. Como observa Ashby, a seleção natural permite que apenas os sistemas que têm objectivos que lhes permitem sobreviver no seu ambiente particular continuem a existir. Um objetivo externo pode estar em constante mudança, enquanto um objetivo interno é menos variável.

A hierarquia de valores pré-determinados de um sistema define os seus objectivos principais e os objectivos variantes. Os diferentes conceitos de "objetivo", "valor do objetivo" e "valor do objetivo" são frequentemente analisados. O valor de um objetivo para um sistema subsidiário pode mudar dependendo da situação externa.

A tarefa da análise é determinar se eles estão corretamente ligados. A tarefa da análise é determinar o que o sistema realmente faz, ou se existe uma correspondência informativa entre o objetivo, as capacidades do sistema e as acções do sistema

A norma sobre o que deve ser o objetivo pode ser absoluta ou relativa (comparativa, preferencial). É frequentemente definida pelo supersistema do sistema. Ashby afirmou que: "... não há nenhuma propriedade de uma organização que seja boa em qualquer sentido absoluto; todas elas estão relacionadas com um ambiente específico, com um conjunto particular de ameaças e perturbações ou com um conjunto particular de problemas. "Um sistema só é adaptável ao seu supersistema se tiver um objetivo interno ou um objetivo externo que esteja em conformidade com uma norma estabelecida pelo supersistema. Como nem sempre é esse o caso. Um sistema subsidiário caracteriza-se pela variabilidade de objectivos e por uma norma relativa de definição de objectivos.

Os sistemas subsidiários existem na natureza viva e em ambientes técnicos e sociais. Os sistemas subsidiários evoluem na natureza viva. As suas principais propriedades são a adaptabilidade e a divisibilidade. No meio técnico, a emergência de sistemas de subsidiariedade e de gestão da subsidiariedade é condicionada pela adaptabilidade, pela necessidade de tomada de decisões operacionais e pela exclusão de ligações parasitárias. As ligações parasitárias são entendidas como ligações que inibem a tomada de decisões. É conhecida a experiência de desenvolvimento de bases de dados hierárquicas e a sua rejeição. A rejeição deveu-se ao facto de que, com um grande número de níveis e um grande aninhamento, o tempo de pesquisa e de consulta dessas bases de dados se tornava crítico. A mesma razão existe na transição de sistemas de gestão hierárquicos para sistemas e tecnologias de gestão subsidiários.

É de notar que a utilização da gestão subsidiária só é eficaz em situações e sistemas complexos. Não é eficaz em situações e sistemas simples com poucos elementos e ligações. A gestão subsidiária exige descentralização e afetação de recursos. Em geral, a gestão subsidiária exige mais recursos do que a gestão hierárquica. Por conseguinte, em situações simples, os sistemas hierárquicos são mais económicos porque requerem menos recursos e é possível controlá-los e optimizá-los de forma centralizada. Na prática, a gestão da subsidiariedade é mais localizada do que global. Os modelos, os sistemas e as tecnologias podem ser subsidiários.

Um sistema é subsidiário se tiver: estrutura modificável, divisibilidade, adaptabilidade, variabilidade de objectivos, solucionador interno, memória interna, capacidade de recurso, capacidade de combater inclusões, feedback.

Um sistema subsidiário pode incluir níveis e escalões e fazer parte de outros escalões. Um sistema subsidiário deve necessariamente ter a possibilidade de interação intra-sistema e inter-sistema. Um sistema subsidiário pode ter artefactos que servem de base ao seu desenvolvimento e modificação

Um sistema subsidiário pode estar em estado estacionário ou instável. Os estados não sustentáveis motivam-no a desenvolver-se. Um sistema de subsidiariedade deve dispor dos seus recursos e ser avaliado pela variabilidade do poder de consumo dos recursos. Em algumas situações complexas, o sistema de subsidiariedade é a única forma correcta de desenvolvimento

. O desenvolvimento da gestão da subsidiariedade baseia-se no agrupamento da separabilidade e na resposta ao ambiente externo. Podemos falar de computação de subsidiariedade e de tomada de decisões de subsidiariedade. O desenvolvimento de sistemas e tecnologias de subsidiariedade é importante para os sistemas de inteligência artificial. O fator de divisibilidade como fator importante de subsidiariedade exige a aplicação de unidades de informação para a construção de sistemas e tecnologias subsidiárias. Os sistemas e tecnologias subsidiários estão mais claramente representados nos sistemas multiagentes. A particularidade dos sistemas subsidiários é a possibilidade de escolha. Esta possibilidade cria a base para o desenvolvimento ou morte do sistema. Os sistemas que sobrevivem estabelecem algoritmos de desenvolvimento e evolução.

No que respeita à gestão, a gestão subsidiária está próxima da gestão distribuída e da gestão multiagente. Os processos de gestão distribuída permitem uma maior adaptabilidade às mudanças no ambiente externo. Os sistemas subsidiários de segurança da informação são um exemplo desta abordagem.

Conclusão

Existem muitos sistemas complexos e estão a surgir novos. A multiplicidade de sistemas complexos torna difícil a sua generalização e a elaboração de uma teoria rigorosa. O domínio da teoria dos sistemas complexos analisa sobretudo os sistemas e presta pouca atenção ao conceito de complexidade. Também não presta atenção à dinâmica dos critérios de complexidade. O mundo é um sistema complexo. Este define a sistematicidade do mundo circundante e dos processos nele existentes. Isto define a sistematicidade das suas propriedades e ligações. A teoria dos sistemas complexos pode ser considerada como um estudo generalizado da sistematicidade do mundo circundante. A teoria dos sistemas complexos está intimamente relacionada com a abordagem e a análise de sistemas. A maioria dos trabalhos sobre a teoria dos sistemas (complexos) utiliza definições triviais e incorrectas, como "um sistema é um conjunto de elementos e relações". Esta definição aplica-se tanto a sistemas complexos como a sistemas simples. A complexidade permanece fora do âmbito desta definição. Outra definição incorrecta na teoria dos sistemas é "um elemento é uma parte indivisível de um sistema". Esta definição contém incerteza, porque dependendo do critério de divisibilidade, podem obter-se elementos diferentes. Por exemplo, o texto, enquanto sistema, pode ser dividido em símbolos, palavras e frases. Todas elas são unidades de informação derivadas do texto por diferentes critérios. A divisão estrutural dá origem a símbolos. Mas estes não têm semântica. A divisão semântica fornece palavras. Mas estas têm um significado isolado lematizado. A tomada em consideração das relações entre as palavras dá origem a uma frase que tem predicatividade. O problema da escolha dos critérios com base nos quais a complexidade dos sistemas é avaliada e dos critérios com base nos quais a divisibilidade dos sistemas é decidida permanece em aberto. Além disso, a teoria dos sistemas não tem em conta os factores cognitivos que afectam a avaliação da complexidade. Uma posição de xadrez pode parecer complexa para um jogador de xadrez amador. Para um grande mestre, é simples. Isto sugere que o nível de inteligência do sujeito também afecta a avaliação da complexidade. Os sistemas complexos estão relacionados com o emergentismo e a sinergética. Mas estas questões também são pouco exploradas. As questões da complexidade crescente e da complexidade decrescente também são pouco exploradas. Apesar da transferência bastante ampla de ideias do domínio dos sistemas vivos para os domínios técnicos, os modelos de sistemas vivos não são descritos de forma clara e definitiva e, de facto, existe uma complexidade na descrição dos sistemas vivos e da biodiversidade. A principal tendência na descrição de sistemas complexos é a simplificação. É necessário colocar a diversidade como alternativa a esta tendência. Por conseguinte, a teoria dos sistemas complexos tem um número considerável de problemas por resolver que aguardam investigação adicional.

Literatura

1.Bondur V. G., Tsvetkov V. Ya. Análise de sistemas na investigação espacial // Russian Journal of Astrophysical Research. Série A. 2015. Vol. 1, Is. 1, pp. 412. DOI: 10.13187/rjar.2015.1.4. www.ejournal28.com

2. Tsvetkov V.Ya. Monitorização do espaço: Monografia. - Moscovo: MAKS Press, 2015. - 68c.

3. Savinykh V.P., Gospodinov S.G., Kudzh S.A., Tsvetkov V.Ya., Deshko I.P. Semântica de modelos visuais na investigação espacial // Russian Technological Journal. 2022. T. 10. № 2 (46). C. 51-58.

4. Volkova V. N., Denisov A. A. Fundamentos da teoria e análise de sistemas. SPb.: Izd-vo SPbGTU, 2001 -512 pp.

5. Kudj S. A. Multidimensionalidade da consideração de sistemas complexos // Perspectivas da Ciência e da Educação - 2014. - №1. - c38-43.

6. Urmantsev Yu.A. Beginnings of the General Theory of Systems / em System Analysis and Scientific Knowledge. Moscovo: Nauka. 1978, c. 7 - 41.

7. O'Donnell S., Kunz G. Management: System and Situational Analysis of Management Decisions. - Moscovo: Progress, 1981, 495 p.

8. Bolbakov R.G. Complexidade das construções de informação // Recursos e tecnologias educativas. - 2016. - №4 (16). - c.58-63.

9. Tsvetkov V. Ya. Índice de Complexidade // Jornal Europeu de Tecnologia e Design, 2013. n.º 1(1), p.64-69.

10. Rosenberg I.N. Complexidade e complementaridade // Perspectivas da Ciência e da Educação. - 2016. - №5. - c.7-10.

11. Zheleznyakov V. A. Níveis de complexidade dos sistemas de informação// Slavic Forum, 2015. - 3(9) - c.97-104.

12. Rosenberg I.N. Situação de informação como um sistema complexo // Recursos e tecnologias educativas - 2017. -3 (20). - c.69-77.

13. Tsvetkov V. Ya., Azarenkova N.V. O sistema de informação Complexidade// Revista Europeia de Tecnologia e Design. - 2014, № 1(3). - pp.44-48

14. Tsvetkov V. Y., Lonsky I. I., Bulgakov S. V. V. Sistemas complementares: livro didático - Moscovo: MAKS Press, 2022. - 160 c/

15. Tsvetkov V.Ya. Análise dicotómica da complexidade do sistema // Perspectivas da ciência e da educação - 2014. - №2. - c.15-20.

16. Tsvetkov, V.Ya., Buravtsev, V.A. Métricas de um sistema determinístico complexo // Design Ontology. - 2017. - T. 7, №3(25). - C. 334-346/

17. Tsvetkov, V.Ya., Kozlov N.N. Sequências lógico-sistémicas em projectos científicos // Design Ontology. - 2018. - T. 8, №4(30). - C.540-549/

18. Bolbakov R.G. Informação emergente // Fórum Eslavo. - 2017. -3(17). - c.40-46

19. Manz M. G., Boettcher S. Granulopoiese de emergência //Nature Reviews Immunology. - 2014. - T. 14. - №. 5. - C. 302-314.

20. Tsvetkov V. Ya. Sistema de informação // Jornal Europeu de Estudos Económicos, 2018, 6(1): 18-22.
21. Geary N. Understanding synergy //American Journal of PhysiologyEndocrinology and Metabolism. - 2013. - T. 304. - №. 3. - C. E237-E253.
22. Kuj C.A. Sinergética espacial // Fórum Eslavo. - 2017. -1(15). - c.17-24.
23. Tsvetkov V.Ya. Sinergética e auto-desenvolvimento no domínio da informação // IT - Standard. 2021. 2(27). c.20-23.
24. Buravtsev, A.V. Sistemas tecnológicos complexos// Fórum Eslavo. - 2017. - 4(18). - c.14-19
25. Yurkov N. K. Riscos de falha de sistemas técnicos complexos // Fiabilidade e qualidade de sistemas complexos. - 2014. - №. 1 (5). - c18-24.
26. Tsvetkov V.Ya. Sistemas técnicos complexos // Recursos e tecnologias educacionais - 2017. -3 (20). - c.86-92.
27. Tsvetkov V.Ya. Sistemas complexos aplicados - LAP LAMBERT
Academic Publishing, Saarbrucken, Alemanha 2015 -141 p.
28. Kalyaev I. A., Levin I. I. Sistemas informáticos reconfiguráveis com vários transportadores para resolver problemas de fluxo contínuo // Tecnologias da informação e sistemas informáticos. - 2011. - №. 2. - C. 12-22.
29. Monakhov S.V., Savinykh V.P., Tsvetkov V.Ya. Methodology of Analysis and Design of Complex Information Systems. - Moscovo: Prosveshchenie, 2005. - 264 c.
30. Buravtsev A. V. V., Tsvetkov V. Ya. Sistemas organizacionais e computacionais complexos// Perspektivy nauki i obrazovanie. - 2018.. - № 4 (34). - c. 293-300
31. Akunovich S. I. Sistemas de informação especializados. - Minsk: BSTU, 2014. - 120 c.
32. Tsvetkov V.Ya. Desenvolvimento de sistemas de controlo orientados para os problemas - M.: GKST, VNTIcentre, 1991.- 131 p.
33. Bolbakov R.G., Tsvetkov V.Ya., Mordvinov V.A., Matchin V.T. Aplicação de tecnologias imersivas na formação // Informatização da educação e da ciência. - 2023. 1(57). C.19-26.
34. Tsvetkov V.Ya., Alpatov A.N. Problemas de sistemas distribuídos // Perspectivas da Ciência e da Educação-2014. - №6 (12). - c.31-36
35. Tsvetkov V.Ya. Logística de sistemas de informação distribuídos // Perspectivas da Ciência e da Educação. - 2016. - №4(22). - c.18-22.
36. Buravtsev A.V., Tsvetkov V.Ya. Evolução dos sistemas fiscais // Conselheiro de Estado. - 2017. - №2. - c.19-24.
37. Buravtsev A.V. Funcionamento de um sistema organizacional e técnico complexo na esfera dos transportes // Ciência e Tecnologia dos Caminhos-de-Ferro. - 2017. -3(3). - c.48-58.
38. Tikhonov A.N., Ivannikov A.D., Solovyov I.V., Tsvetkov V.Y., Kudzh S.A.

Conceito de gestão centrada na rede de um sistema organizacional e técnico complexo - M.: Max PRESS, 2010. -136 c.

39. Rosenberg I.N., Soloviev I.V., Tsvetkov V.Ya. Complex innovations in the management of complex organisational and technical systems. / editado por V.I. Yakunin - M.: Feoria, 2010. - 248 c.

40. Kudj, S.A. Desenvolvimento de sistemas organizacionais e técnicos complexos // Slavic Forum. -2019. - 2(24). - c.107-114.

41. Buravtsev A. V. O caminho de ferro digital como um sistema organizacional e técnico complexo // Ciência e tecnologia dos caminhos-de-ferro. V. O caminho de ferro digital como um sistema organizacional e técnico complexo // Ciência e tecnologia dos caminhos-de-ferro. - 2018. T.2.- 1(5). - c.69-79.

42. Nomokonova O.Yu., Tsvetkov V.Ya. Abordagem sistémica na investigação científica // Slavic Forum, 2015. - 2(8) - c.224-232

43. Tsvetkov, V.Ya. Fundamentals of the system approach in the analysis of information systems // Izvestiya vysshee obrazovaniya vysshee obrazovaniya [Izvestia of Higher Educational Institutions]. Geodesia e fotografia aérea. 2001. № 2. C. 156-161

44. Kudzh S.A., Tsvetkov V.Ya. Abordagem sistémica na investigação de dissertação // Perspectivas da Ciência e da Educação-2014. - №3(9). - c.2632/

45. Kuj S. A. Abordagem sistémica // Fórum Eslavo. - 2014. - 1(5). - c.252 -257.

46. Butko E. Я. Abordagem do sistema na formação da estrutura // Fórum Eslavo. - 2017. -2(16). - c.25-31.

47. Tsvetkov V.Ya. Resolução de problemas usando análise de sistemas // Perspectivas da ciência e da educação - 2015. - №1(13). - c.50-55

48. Savinykh V.P., Tsvetkov V.Y. Análise do sistema de modelação da informação // Slavic Forum, 2016. -1(11). - c.169-176

49. Gandhmal D. P., Kumar K. Análise sistemática e revisão das técnicas de previsão do mercado de acções //Computer Science Review. - 2019. - T. 34. - C. 100190.

50. Tsvetkov V.Ya. Teoria dos sistemas: Monografia. - Moscovo: MAKS Press, 2018. - 88 c.

51. Tsvetkov V. Ya. Fundamentos da teoria dos sistemas complexos: Livro de texto. - 184 SPb.: Editoras "Lan", 2019. - 152 c.

52. Oznamets V.V. Evolução do conceito de "sistema complexo" // Recursos e tecnologias educativas. - 2021. - № 3 (36). - C. 80-87.

53. Tsvetkov V.Ya. Information units as a means of building a picture of the world // International Journal of Applied and Fundamental Research. - 2014. - № 8 -4. - c. 36-40.

54. Tsvetkov V.Ya. Unidades de informação paralinguística na educação// Perspectivas da Ciência e da Educação. - 2013. - 4(4). - c.30-38.

55. Raev V.K. Unidades de informação em ciências da informação // Recursos e tecnologias educativas. - 2022. - № 1 (38). - C. 68-75.

56. Chekharin E.E. Normalização do intercâmbio de informações utilizando unidades de informação // IT - Standard. 2022. 2(32). c.10-15.

57. Nicolis G., Prigogine I., Nocolis G. Explorar a complexidade. - 1989.

58. Baranger M. Chaos, complexity, and entropy //New England Complex Systems Institute, Cambridge. - 2000.

59. Turner J. R., Baker R. M. Complexity theory: An overview with potential applications for the social sciences //Systems. - 2019. - T. 7. - №. 1. - C. 4..

60. Oznamets V.V. Complexidade em Ciências da Terra // ITNOU: Tecnologias da Informação em Ciência, Educação e Gestão. 2018. № 1. C. 20-27.

61. Bogoutdinov B.B., Tsvetkov V.Ya. Aplicação do modelo de recursos complementares na atividade de investimento // Vestnik of Mordovian University. - 2014. - T. 24. № 4. - c.103-116.

62. Tsvetkov, V.Ya.; Schennikov, A.N. Abordagem ao desenvolvimento de métodos complementares de processamento de informação // Boletim da Universidade Estatal de Engenharia Radioeléctrica de Ryazan. - 2019. - №1(67). - c.9298.

63. Kuj S.A. Estimativa da complexidade cognitiva do grupo // Fórum Eslavo. - 2018. - 2(20). - c.36-43.

64. Kudzh S.A., Tsvetkov V.Y. Factores de complexidade cognitiva // ITNOU: Tecnologias de informação em ciência, educação e gestão.- 2018.- No.6. -C.34-41.

65. Tsvetkov V.Ya. Receção da informação // Recursos e tecnologias educativas. - 2016. - 1 (13). - c.121-129

66. Nomokonova O. Yu Receção de informações em diagnósticos médicos // Fórum Eslavo, 2015. - 4(10) - c.238-243.

67. Nomokonova O.Y. Cognitive and social modelling in medical diagnostics // Slavic Forum. - 2017. -3(17). - c.69-75.

68. Tymchenko E.V. Estimativa da complexidade dos recursos educativos // Aprendizagem à distância e virtual. 2017. - № 1 (115). - c.69-76.

69. Solov'ev I.V., Tsvetkov V.Ya. On the content and interrelations of categories "information", "information resources", "knowledge" // Distance and Virtual Learning. - 2011. - №6 (48) - c.11-21.

70. Rasskazova A. L. Análise da categoria "relação" em filosofia // Tendências no desenvolvimento da ciência e da educação. - 2019. - №. 49-4. - C. 34-36.

71. Tsvetkov V.Ya. Extração de conhecimentos para a formação de recursos de informação. - M.: GNII IOT. 2006. - 158 c.

72. Singh S. K. et al. Valor do conhecimento da gestão de topo, práticas de partilha de conhecimentos, inovação aberta e desempenho organizacional //Journal of Business Research. - 2021. - T. 128. - C. 788-798.

73. Tsvetkov V.Ya. Formação do conhecimento espacial: Monografia. - Moscovo: MAKS Press, 2015. - 68 c.

74. Ahmed Y. A. et al. Social media for knowledge-sharing: A systematic literature review //Telematics and informatics. - 2019. - T. 37. - C. 72-112.

75. Tikhonov A.H., Ivannikov A.D., Tsvetkov V.Y. Relações terminológicas // Investigação fundamental. -2009. - № 5. - c.146- 148.

76. Tsvetkov, V.Ya., Oznamets, V.V.. Big data no apoio geodésico // Geodesia e cartografia. 2022. T. 83. № 10. C. 9-19.

77. Buravtsev, A.V.; Tsvetkov, V.Ya. Cloud computing for big geospatial data // Information and Space. 2019. - №3. -c .110115.

78. Levin B.A., Tsvetkov V.Ya. Processos de informação no espaço de "big data" // World of Transport. 2017. - T.15, №6(73). - c.20-30

79. Pavlov A.I. Construção de estrutura dicotómica // ITNOU: Tecnologias de informação em ciência, educação e gestão.- 2018.- No.6. -C.48-55.

80. Tsvetkov V. Ya. Construções de informação // Jornal Europeu de Tecnologia e Design. -2014. № 3(5). - p.147-152.

81. Ivannikov A.D., Tikhonov A.H., Soloviev I.V., Tsvetkov V.Ya. Infosphere and Infology. - M: TORUS PRESS, 2013. -176 c

82. Tsvetkov V.Ya. Descrição da informação da imagem do mundo // Perspectivas da ciência e da educação. - 2014. - №5(11). - c.9-13

83. Maksudova L.G., Tsvetkov V.Ya. Information modelling as a fundamental method of cognition // Izvestiya vysshee obrazovaniya vysshee obrazovaniya. Geodesia e fotografia aérea. - 2001. - №1. - c.102-106

84. Horodecki P., Rudnicki E., Zyczkowski K. Cinco problemas em aberto na teoria da informação quântica //PRX Quantum. - 2022. - T. 3. - №. 1. - C. 010101.

85. Witten E. Uma mini-introdução à teoria da informação //La Rivista del Nuovo Cimento. - 2020. - T. 43. - №. 4. - C. 187-227.

86. Ivannikov A.D., Tikhonov A.H., Tsvetkov V.Ya. Fundamentals of information theory - M.: MAKS Press, 2007. - 356 c

87. Goodwell A. E. et al. Debates - A teoria da informação fornece um novo paradigma para as Ciências da Terra? Causalidade, interação e feedback //Água Investigação de recursos. - 2020. - T. 56. - №. 2. - C. e2019WR024940.

88. Tsvetkov, V.Ya.; Terentyev, P.V. Comparação das estimativas de complexidade de Holstead e Kolmogorov // IT - Standard. 2019. 1(18). c.31-35

89. Tsvetkov V.Ya. Relação, ligação, correspondência // Fórum Eslavo, 2016. - 2(12). - c.272-276

90. Rosenberg I.N. Correspondência de informação topossemântica na modelação espacial // Ciências da Terra. - 2017. - № 3. - c.64-73.

91. Tsvetkov V.Ya. Análise estrutural baseada em algoritmos de sistemas vivos // Biogeosystem Technique. 2016. № 1 (7). C. 87-95

92. Boulton J. Process Complexity //Complexidade, Governação e Redes. - 2022. - T. 7. - №. 1.

93. Tsvetkov V. Ya. Informatização, processos de inovação e tecnologias de geoinformação // Izvestiya vysokikh uchebnykh obrazovaniya. Geodesia e fotografia aérea - 2006. - №4. - c.112-118.

94. Wille C. Da mudança de processo à mudança de complexidade: tendências

analíticas actuais da investigação de campo //Grenzforschung. Handbuch far Wissenschaft und Studium. - 2021. - C. 106-120.

95. Tsvetkov V.Ya. Conformidade da informação // Revista Internacional de Investigação Aplicada e Fundamental. - 2016. - №1. - 3. - c.454-455.

96. Nomokonova O. Yu., Tipos de correspondências de informação // Fórum Eslavo. -2018. - 2(20). - c.44-49.

97. https://translate.academic.ru/complementarity/en/ru/ data de visualização 11.05.2023

98. https://en.oxforddictionaries.com/definition/complementarity. acedido em 11.11.2018

99. https://www.merriam-webster.com/dictionary/complementarity. acedido em 11.11.2018

100. Tsvetkov V.Ya. Emergentismo // Revista Internacional de Investigação Aplicada e Fundamental. - 2017. - № 2-1. - C. 137138.

101. Cottle R. W. Problema de complementaridade linear Problema de complementaridade linear //Encyclopedia of Optimisation. - Springer US, 2008. - C. 1873-1878.

102. Vallurupalli P., Kay L. E. Complementaridade das medidas de conjunto e de molécula única do movimento proteico: um estudo de RMN de dispersão de relaxação de um complexo enzimático //Proceedings of the National Academy of Sciences. - 2006. - V. 103. - №. 32. - p. 11910-11915.

103. Tom Xu K., Farrell T. W. A complementaridade e a substituição entre a medicina não convencional e a medicina tradicional entre grupos raciais e étnicos nos Estados Unidos //Health services research. - 2007. - V. 42. - №. 2. - C. 811-826.

104. Xian W., Yuzeng L., Shaohua Z. Análise de equilíbrio oligopolístico para mercados de eletricidade: uma abordagem de complementaridade não linear //IEEE Transactions on Power Systems. - 2004. - V. 19. - №. 3. - p. 1348-1355.

105. Kudzh C.A., Tsvetkov V.Y. Lógica e algoritmos: Monografia. - Moscovo: MAKS Press, 2019. - 112 c.

106. Schumacher J. M. Sistemas de complementaridade na otimização // Mathematical Programming. - 2004. - V. 101. - №. 1. - p. 263-295.

107. W. P. M. H. Heemels, J. M. Schumacher e S. Weiland. Linear complementarity systems. SIAM J. Appl. Math., - 2000. - V/60. - p1234-1269

108. J.-S. Pang e D. E. Stewart. Desigualdades variacionais diferenciais. Preprint, 2003.

109. Ogneva E. A. Correspondência estrutural/inconsistência de conceitos originais e traduzidos //Problemas socioculturais da tradução: coletânea de trabalhos científicos. - 2006. - №. 2 - ч 4. - c.2

110. Chang K. H. Complementaridade em mineração de dados: tese. - Universidade da Califórnia, Los Angeles, 2015.

111. McKenzie J. Assessment of the complementarity of data from multiple

analytical techniques: tese. - Universidade de York, 2013

112.	Potapov A. S. Situação da informação e situação da informação
posição no domínio da informação // Fórum Eslavo. - 2017. - 1(15). - c.283-289.

113.	Tsvetkov V. Ya. Situação da informação e posição da informação como ferramenta de gestão // Investigador europeu. 2012, 12-1 (36), p.2166- 2170

114.	Tsvetkov V. Ya. Avaliação dicotómica das situações de informação e da superioridade da informação // Investigador europeu. 2014. № 11-1 (86). p.1901-1909.

115.	Goldstein J. Emergence as a construct: History and issues //Emergence. - 1999. - V. 1. - №. 1. - p. 49-72.

116.	Olshausen B. A., Field D. J. Emergência de propriedades do campo recetivo de células simples através da aprendizagem de um código esparso para imagens naturais //Nature. - 1996. - V. 381. - №. 6583. - p. 607.

117.	Folke C. Resiliência: A emergência de uma perspetiva para a análise de sistemas sócio-ecológicos //Global environmental change. - 2006. - V. 16. - №. 3. - p. 253-267.

118.	https://en.wikipedia.org/wiki/Emergence. Data de acesso 16.02.2023.

119.	O'Connor T., Wong H. Y. Propriedades emergentes. - 2002.

120.	O'Connor T., Wong H. Y. A metafísica da emergência //Nous. - 2005. - V. 39. - №. 4. - C. 658-678.

121.	Tsvetkov V.Ya. A tríade como sistema interpretativo. // Perspectivas da ciência e da educação. - 2015. - №6. - c.18-23.

122.	Kudj S. A. Campo da informação: Monografia. - Moscovo: MAKS Press, 2017. - 97 c.

123.	Bolbakov R.G. Informação emergente // Fórum Eslavo. - 2017. -3(17). - c.40-46.

124.	Prangishvili I. Sobre a eficácia da gestão de sistemas socioeconómicos complexos // Sociedade e Economia. - 2005. - №.9. - C. 125-134.

125.	Nicolis G., Prigozhin I. Cognição do complexo - M.: Mir, 1990. - 343c.

126.	Tsvetkov V. Ya. Preferências de métodos não transitivos. // Jornal de Centro da Rede Internacional de Investigação Fundamental e Aplicada. 2015. 1(3), - pp.34-42.

127.	Tsvetkov V.Ya. Modelos de informação descritivos e prescritivos // Ensino à distância e virtual. - 2015. - №7. - c.48- 54

128.	Raev, V.K. Modelos de informação processuais e descritivos // Fórum Eslavo. -2018. - 3(21). - c.28-32

129.	Tsvetkov V. Ya. O ambiente semântico das unidades de informação // Pesquisador europeu. 2014, № 6-1 (76). p. 1059-1065

130.	Ozherel'eva T. A. Metamodelação e morfismo da informação // Slavic Forum. 2021, 3(33). C.69-78

131.	Tsvetkov V.Ya., Shaitura S.V., Minitaeva A.M., Feoktistova V.M., Kozhaev Yu.P., Belyu L.P. Metamodelagem no campo da informação // Amazonia Investiga.

2020. Т. 9. № 25. С. 395-402.

132. Tsvetkov V.Ya., Bulgakov S.V., Titov V.K., Rogov I.E. Metamodelação em geoinformática // Informação e espaço. 2020. - №1. -с .112-119.

133. Bolbakov R. G. Metamodelação na extração de conhecimentos // Slavic Forum. 2021, 4(34). C.7-17

134. Kovalenko A.N. Abordagem sistémica da criação de um modelo de informação integrado // Slavic Forum. - 2014. - 2 (6). - c.51 -55

135. Kuj S. A. Gestão integrada de uma instituição de ensino // Slavic Forum. - 2017. -1(15). - c.7-16.

136. Trossey B., Rosenzweig P. Conhecimento e Resolução de Problemas: Representações de Conceitos Científicos //Aprendizagem Cognitiva: Estado Atual e Perspectivas. M. - 1997. - C. 165-190.

137. Tsvetkov V. Ya. A assimetria de informação como fator de risco // Investigador europeu. 2014. № 11-1(86). p. 1937-1943..

138. Chekharin E. E. Risco de informação // Aprendizagem à distância e virtual. 2018. - № 3. - c.70-77/

139. Tsvetkov, V.Ya.; Cheharin, E.E. Conformidade da informação nas interacções de informação // Slavic Forum. - 2017. -3(17). - c.83-88.

140. Ozhereleva T.A. Análise do impacto dos factores de qualidade da educação // European Journal of Economic Studies, 2013, Vol.(5), No. 3- p.172-176

141. Nomokonova O.Y. Análise de impacto em diagnósticos. - Moscovo: MAKS Press, 2016. - 56c.

142. Chekharin E.E. Interpretabilidade das unidades de informação // Fórum Eslavo. - 2014. - 2 (6). - c.151 -155.

143. Tsvetkov V.Ya. Aspectos cognitivos da construção de modelos educativos virtuais// Perspectivas da ciência e da educação - 2013. -№3. C38-46.

144. Tsvetkov V.Ya. Modelos educativos cognitivos. // Gestão da educação, teoria e prática .- 2014.- No.1. - c.32-42.

145. Tsvetkov V. Ya. Agrupamento cognitivo // Fórum Eslavo, 2016. -1(11). - c.233-240.

146. Chekharin E.E., Tsvetkov V.Y. Panorama mundial das tecnologias cognitivas // Fórum Eslavo, 2016. - 1(11). - c.241-248.

147. Tsvetkov V.Ya. Análise cognitiva. Monografia - Moscovo: MAKS Press, 2016. - 72c.

148. Walsham G. The emergence of interpretivism in IS research //Information systems research. - 1995. - T. 6. - №. 4. - p. 376-394.

149. Nicolis D. S. Dinâmica de Sistemas Hierárquicos: Representação Evolutiva: Transl. de Engl. - Mir, 1989. -488c.

150. Mesarovich M., Mako D., Takahara I. Teoria dos sistemas hierárquicos multinível. - M.: Mir, 1973. -344c.

151. Butko E.Ya. Imagem pessoal do mundo como resultado da educação // Aprendizagem à distância e virtual. 2017. - № 1 (115). - c.87-94.

152. Tsvetkov V. Ya. Modelo de visão do mundo como resultado da educação // Mundo
Revista de Ciências Aplicadas. -2014. - 31 (2). - p..211-215.
153. Vonsovsky S.V. Modern natural-scientific picture of the world - /Ekaterinburg: Izd-vo Humanitarian Un-ta. - 2005.
154. Chekharin E.E. Estudo de geoinformação do mundo circundante// Fórum Eslavo, 2015. - 2(8) - c.327-335.
155. Chekharin E.E., Tsvetkov V.Y. Panorama mundial das tecnologias cognitivas // Fórum Eslavo, 2016. - 1(11). - c.241-248
156. Savinykh V.P. A investigação espacial como meio de formar uma imagem do mundo // Perspectivas da Ciência e da Educação - 2015. - №1. - c.56-62.
157. Kovalenko N.I. Abordagem da informação na construção de uma imagem do mundo //Perspectivas da Ciência e da Educação. - 2015. -№6. - c.7-11.
158. Tsvetkov V.Ya. Kartina mire kak educational'naya paradigma// European Socia IScience Journal = European Journal of Social Sciences. 2013. № 10-1 (37). -c. 28-34
159. Stepin V.S., Kuznetsova L.F. Imagem científica do mundo na cultura da civilização tecnogénica. - M.: IF RAN, 1994. - 274.
160. Bertalanffy von L. Teoria Geral dos Sistemas - Uma Revisão Crítica. / No livro Studies on the General Theory of Systems. Moscovo: Progress, 1969. C. 23 - 82
161. Pavlov, A.I. Sistemas organizacionais complexos // Fórum Eslavo. -2018. - 4 (22). - c.54-59.
162. Raev V.K. Organisational systems // ITNOU: Information technologies in science, education and management. - 2019. - № 1(11). - c. 94100.
163. Mordvinov V. A. Necessidades de informação dos sistemas ergonómicos// Fórum Eslavo. - 2017. -4(18). - c.42-49.
164. Tsvetkov, V. Ya. Aspectos ergonómicos do tratamento da informação nos sistemas de informação // Slavic Forum. - 2017. -1(15). - c.95-103.
165. Pavlov A.I. Sistemas ergonómicos // Fórum Eslavo. -2019. - 1(23). - c.153-159.
166. Bar-Yam, Yaneer (2002). "Características gerais dos sistemas complexos" (PDF). Enciclopédia de Sistemas de Suporte à Vida. EOLSS UNESCO Publishers, Oxford, Reino Unido. Recuperado em 16 de setembro de 2014.
167. Matchin B.T.. A renovação num sistema tecnológico complexo // Fórum Eslavo. - 2017. -3(17). - c.62-68.
168. Rosenberg I.N., Tsvetkov V.Ya. Aplicação de sistemas multi-agentes em sistemas de logística intelectual. // Revista Internacional de Educação Experimental. - 2012. - №6. - c.107-109.
169. Deshko I.P., Kryazhenkov K.G., Tsvetkov V.Ya. Dispositivos, modelos e arquitecturas da Internet das Coisas: Livro de texto. - Moscovo: MAKS Press, 2017. - 88 c.

170. Lee, Jay; Bagheri, Behrad; Kao, Hung-An (janeiro de 2015). "Uma arquitetura de sistemas ciberfísicos para sistemas de manufatura baseados na Indústria 4.0". ManufacturingLetters. 3: 18-23. doi:10.1016/j.mfglet.2014.12.001

171. Levin B.A., Rosenberg I.N., Tsvetkov V.Ya. Sistemas cibernéticos de transporte - sistemas físicos // Railways Science and Technology. - 2017. - 3(3). - c.3-15.

172. Tsvetkov V.Ya. Gestão com recurso a sistemas ciber-físicos // Perspectivas da Ciência e da Educação. - 2017. - №3(27). - c.55-60.

173. Rosenberg I.N. Interação nos sistemas de informação // Slavic Forum, 2015. - 4(10) - c.292-300

174. Chekharin E.E. Interação de informação em linguística computacional // Slavic Forum, 2016. -3(13). - c.334-339.

175. Tsvetkov V. Ya. Interação da informação // Investigador europeu. 2013. № 11-1 (62). C. 2573-2577

176. Tsvetkov, V.Ya.; Cheharin, E.E. Conformidade da informação nas interacções de informação // Slavic Forum. - 2017. -3(17). - c.83-88.

177. Kuj, S. A. Análise estrutural dicotómica // Fórum Eslavo. - 2017. -2(16). - c.7-11.

178. Tsvetkov V.Ya. Modelação estrutural: monografia. - Moscovo: MAKS Press, 2017. - 84 c.

179. Nomokonova O. Yu. Modelação estrutural de factores sociais // Fórum Eslavo. - 2017. -2(16). - c.57-61

180. Tsvetkov V.Ya., Buravtsev A.V. Gráficos orientados em sistemas organizacionais e técnicos fiscais complexos. // Recursos e tecnologias educativas. - 2017. - №3 (20). - c.33-40.

181. Ozherel'eva T.A. Correspondência de informação e morfismo de informação no campo da informação // Tecnologias de informação em ciência, educação e gestão. 2017 -№4. - c.86-92.

182. Afanasiev S. V., Vorobyev V. I. Métricas para a conceção orientada para objectos de sistemas complexos // Vestnik of Civil Engineers. V. V., Vorobyev V. I. Métricas para a conceção orientada para objectos de sistemas complexos // Vestnik of Civil Engineers. - 2005. - №. 4. - C. 118-123.

183. Goldstein, A.B.; Pozharsky, N.A.; Likhachev, D.A. Sobre mapas cognitivos na gestão de operadores de telecomunicações. // Informatização e comunicação. - 2016. - №1. - c.11-15.

184. Niklas Luhmann ystemtheorie, Evolutionstheorie und Kommunikations theorie // Soziologische Gids, 1975, 22 3. pp.154-168.

185. Niklas Luhmann. Soziale Systeme: GrundriB einer allgemeinen Theorie, Frankfurt: Suhrkamp, 1984. (Tradução inglesa: Social Systems, Stanford: Stanford University Press, 1995.

186. Tarko A. M. Sustentabilidade dos processos biosféricos e o princípio de Le Chatelier // Reports of the Academy of Sciences. - 1995. - №. 3. - C. 393-395.

187. Ozherel'eva T. A. Modelos de informação sobre recursos // Perspectivas da ciência e da educação - 2015. - №1. - c.39-44.

188. Held G. Tecnologias de comunicação de dados. 7-ed. - SPb.: Peter, 2003. - 720 c.

189. Kolomeychenko, M.I., Chepovskii A.M. Visualização e análise de grafos de grandes dimensões // Business Informatics. - 2014. - № 4(30). - C. 716.

190. Borisenko V.V., Lakhno A.P., Chepovskii A.M. Representação especial de grafos e visualização de redes semânticas. // Matemática Fundamental e Aplicada. - 2010. - T. 16. - № 8 . - C. 27-35.

191. Luman N. Introdução à teoria dos sistemas - Logos, 2007. 360 p ISBN 5-8163-0076-8.

192. Buravtsev A.V., Tsvetkov V.Ya. Autopoiese de um sistema organizacional e técnico complexo // Ensino à distância e virtual. 2018. - № 2(122). - c.5-11

193. Kuzhelev, P.D. Gestão intelectual polivalente // Conselheiro de Estado. - 2014. - №4. - c65-68.

194. Tsvetkov V. Ya. Gestão polivalente// Jornal Europeu de Estudos Económicos. 2012. № 2 (2). p.140-143

195. Kozlov A.B. Gestão polivalente do transporte em megapolis// Ciência e Tecnologia dos Caminhos-de-Ferro. - 2018. T.2. - 4(8). - c.40-47.

196. Tsvetkov, V. Ya. Gestão com a escolha do alvo // Tecnologias de gestão modernas. 2022. - №4 (100).

197. Dzyuba, Yu.V. Controlo polivalente dos objectos em movimento // Railways Science and Technology. - 2019. - 1(9). - c.53 -60.

198. Tsvetkov V. Ya. Método de recurso da estimativa do ciclo de vida do sistema de informação // European Journal of Technology and Design. 2014. T.4. № 2. c.86- 91.

199. Gu Y. et al. Análise do desempenho ambiental de um sistema de reciclagem de recursos de ciclo de vida múltiplo: evidências de resíduos de garrafas pet na China //Resources, conservation and recycling. - 2020. - T. 158. - C. 104821.

200. McAvoy S. et al. Combinando a avaliação do ciclo de vida e o sistema Dinâmicas para melhorar a avaliação do impacto: uma revisão sistemática //Journal of Cleaner Production. - 2021. - T. 315. - C. 128060.

201. Tsvetkov V.Ya. Gestão Inteligente da Informação // Modelação da Inteligência Artificial, 2017, 4(1). - p. 46-54.

202. Aleksandrov A.B. Gestão intelectual // Slavic Forum, 2016. -1(11). - c.15-22

203. Kuzhelev, P.D. Gestão intelectual polivalente // Conselheiro de Estado. - 2014. - №4. - c.65-68.

204. Tsvetkov, V.Ya. Controlo inteligente distribuído // State Advisor. - 2017. - №1. - c.16-22.

205. Schennikov A. N. Gestão inteligente na esfera dos transportes // Ciência e tecnologia dos caminhos-de-ferro. - 2018. T.2.- 1(5). - c.34- 42.

206. Magel K., Kluczny R. M., Harrison W. A., Dekock A. R. Aplicação de

métricas de complexidade de software à manutenção de programas. - 1982.

207. Gilb T., Finzi S. Princípios de gestão da engenharia de software. Vol. 11 -Addison-Wesley Reading, MA, 1988.

208. McCabe T. J. Uma medida de complexidade // IEEE Transactions on software Engineering - 1976. - No. 4. - pp. 308-320.

209. Karus S., Dumas M. Predicting the maintainability of XSL transformations // Science of Computer Programming. - 2011. - Vol. 76, no. 12. - Pp. 1161-1176.

210. Chekharin E.E., Tsvetkov V. Ya. Semântica cognitiva no domínio da informação // Fórum Eslavo, 2015. - 4(10) - c.348-356.

211. Kudj S. A. Campo da informação: Monografia. - Moscovo: MAKS Press, 2017. - 97 c.

212. Singh G., Singh D., Singh V. Um estudo de métricas de software // IJCEM International Journal of Computational Engineering & Management. - 2011. - Vol. 11. -Pp. 22-27.

213. Halstead M. H. Elementos da ciência do software. Vol. 7. - Elsevier New York, 1977

214. Tsvetkov V.Ya. Modelos de informação de objectos, processos e situações// Aprendizagem à distância e virtual.- 2014. - №5. - c.4- 11

215. Ozherelieva T.A. Situação da informação como ferramenta de gestão // Slavic Forum, 2016. -4(14). - c.176-181

216. Lototsky V. L. Situação de informação e construção de informação // Fórum Eslavo. - 2017. -2(16). - c.39-44.

217. Tsvetkov V.Y. Análise correlativa e variáveis de oposição // European Journal Of Natural History, No.1 2014, p.48-52.

218. Tsvetkov V.Ya., Obolyayeva H.M. Utilização de uma abordagem correlativa para a gestão de pessoal de uma instituição de ensino // Ensino à distância e virtual. - №8 (50). - 2011. - c.4- 9.

219. Tsvetkov V. Ya. Quadro de análise correlativa // pesquisador europeu.2012. № 6-1 (23). C. 839-844/

220. V.Ya. Tsvetkov. Incremental Solution of the Second Kind Problem on the Example of Living System, Biosciences biotechnology research Asia, novembro de 2014. Vol. 11(Spl. Edn.), p. 177-180.

221. Tsvetkov V.Ya. Resolução de problemas do segundo tipo utilizando a abordagem da informação // International Journal of Applied and Fundamental Research. - 2014. - №11-2. - c.191-195/

222. Tsvetkov V.Ya., Kozlov A.V. Algoritmo de metaheurísticas subsidiárias // Recursos e tecnologias educativas. - 2022. - № 4 (41). - C.87-95/

223. Kovalenko, N.I. Contabilização da incerteza na gestão do complexo de transportes // Conselheiro de Estado. - 2014. - №3. - C50-54.

224. Ozherel'eva T. A. Gestão heurística organizacional // Conselheiro de Estado. - 2014. - №4. - c69-75/

225. Mayer-Schönberger W., Kukier K. Big Data: Uma revolução que vai mudar

a forma como vivemos, trabalhamos e pensamos. - Mann, Ivanov &
Ferber, 2014 -240c.

226. Chernyak L. Big Data - Nova Teoria e Prática // Sistemas Abertos. DBMS -
2011. - №10. - c.18-25.

227. Jacobs,A. As patologias dos grandes dados // Communications of the ACM.
- 2009. - T. 52. - №. 8. - p.36-44.

228. LynchC. Bigdata: How do your data grow? // Nature. - 2008. - T. 455. - №.
7209. - p.28-29.

229. Investigação espacial dos recursos terrestres. Métodos e meios de medição e
processamento de informação. -M.: Nauka, 1976. - 386c

230. Tsvetkov V.Ya. Métodos e sistemas de processamento e apresentação de
informação vídeo. - M.:GKST, VNTIcentre, 1991. - 113 c.

231. Savinykh V.P. Observações visuais e instrumentais do espaço // Russian
Journal of Astrophysical Research. Série A. 2020, 6(1). C. 23-34.

232. Savinykh V.P., Tsvetkov V.Ya. Sistemática da investigação espacial orbital
// ITNOU: Tecnologias da Informação em Ciência, Educação e Gestão. 2017 -№4.
- c.93-104.

233. Savinykh V.P. Modelação de fenómenos na superfície da Terra com base na
investigação espacial. - Moscovo: MAKS Press, 2016. - 100c.

234. Bronnikov S. V. V. Aplicação da geoinformática no controlo de voo de
naves espaciais // Vetor GeoSciences. 2022. T. 5. № 3. C. 7279/

235. I.V. Barmin, V.P. Kulagin, V.P. Savinykh, V.Ya. Tsvetkov. Espaço próximo
da Terra como um objeto de monitorização global // Solar System Research, 2014,
Vol.
48, n.º 7, pp. 531-535. DOI: 10.1134/S003809461407003X/

236. Bondur V. G., Tsvetkov V. Ya. Nova Direção Científica da Geoinformática
Espacial // Jornal Europeu de Tecnologia e Design, 2015, 4 (10), pp. 118-126.

237. Tsvetkov V.Y., Savinykh V.P. Space Geoinformatics:
livro didático para universidades. - São Petersburgo: Lan, 2022. - 184 c/

238. Tsvetkov V. Ya. Modelos de informação espacial // Investigador europeu.
2013. №10-1(60). c.2386-2392.

239. Yang, C., Raskin, R., Goodchild, M., & Gahegan, M. (2010). Geospatial
cyberinfrastructure: Past, present and future (Ciberinfra-estrutura geoespacial:
passado, presente e futuro). Computadores, Ambiente e Sistemas Urbanos, 34(4),
264-277.

240. Yang, C., Raskin, R., Goodchild, M., & Gahegan, M. (2010). Geospatial
cyberinfrastructure: Past, present and future (Ciberinfra-estrutura geoespacial:
passado, presente e futuro). Computadores, Ambiente e Sistemas Urbanos, 34(4),
264-277.

241. Romero, D. M., Galuba, W., Asur, S., & Huberman, B. A. (2011). Influência
e passividade nas redes sociais. Conferência Europeia Conjunta sobre
Aprendizagem Automática e Descoberta de Conhecimento em Bases de Dados (pp.

18-33). Berlim Heidelberg: Springer.

242. Frias-Martinez, V., Virseda, J., Rubio, A., & Frias-Martinez, E. (2010). Towards large scale technology impact analyses: Automatic residential localisation from mobile phonecall data. Actas da 4.ª conferência internacional ACM/IEEE sobre tecnologias da informação e da comunicação e desenvolvimento (pp. 11) ACM.

243. Tsvetkov V.Ya., Oznamets V.V.. Monitorização das infra-estruturas de transportes e utilização de UAV inteligentes // Automação, comunicação, informática. 2020. № 8. C. 18-21.

244. Oznamets V. V. Processamento de imagens de UAV utilizando algoritmos projectivos // // Vetor GeoSciences. 2020. T. 3. № 2. C.74-81.

245. Marr, B. (2015). Big Data: Utilizar o SMART Big Data. Analytics e métricas para tomar melhores decisões e melhorar o desempenho. Wiley 258pp.

246. Chaowei Yang, Manzhu Yu, Fei Hu, Yongyao Jiang, Yun Li. Utilizando a computação em nuvem para enfrentar grandes desafios de dados geoespaciais. Computadores, Ambiente e Sistemas Urbanos 61 (2017) (pp. 120-128).

247. Yang, C., Huang, Q., Li, Z., Liu, K., & Hu, F. (2016). Big Data e Computação em nuvem: oportunidades e desafios de inovação. Revista Internacional da Terra Digital. http://dx.doi.org/10.1080/17538947.2016.1239771

248. Kim, G. H., Trimi, S., & Chung, J. H. (2014). Aplicações de big data no sector governamental. Communications of the ACM, 57(3), 78-85.

249. Ammn, N., & Irfanuddin, M. (2013). Desafios de Big Data. Revista Internacional de Tendências Avançadas em Ciência e Engenharia da Computação, 2(1), 613615.

250. Vyugin V.V. Complexidade de Kolmogorov e aleatoriedade algorítmica. - M.: IPI RAN, 2012. - 131c

251. Adigeev M.G. Introdução à teoria da complexidade - Rostov-on-Don, RSU, 2004. - 35c.

252. Tsvetkov V. Ya., Zheleznyakov V. A. Mapa eletrónico multiescala como base do sistema de contabilidade fundiária // Conselheiro de Estado. - 2014. - №1. - c.28-37.

253. Buslenko V. N. Automatização da modelação de simulação de sistemas complexos. - Nauka, 1977.

254. Tsvetkov, V.Ya. Semiotic approach to the construction of data models in automated information systems // Izvestiya vysokikh uchebnykh obrazovaniya. Geodesia e fotografia aérea. - 2000. - №5. - c. 142-145.

255. Swami M., Thulasiraman K. Grafos, Redes e Algoritmos. - M.: Mir, 1984. - 198c.

256. Herodotou H. et al. Starfish: A Self-tuning System for Big Data Analytics //CIDR. - 2011. - V. 11. - p.261-272.

257. Linda M. Collins; Stephanie T. Lanza (2010). Latent class and latent transition analysis for the social, behavioural, and health sciences [Classe latente e

análise de transição latente para as ciências sociais, comportamentais e da saúde].
Nova Iorque: Wiley

258. Tsvetkov V.Ya. Análise latente no domínio da informação // Fórum Eslavo. - 2017. -2(16). - c.213-217.

259. Rogov I.E. Características latentes da informação de formação. // Fórum Eslavo. 2021, 4(34). C.326-336.

260. Ozherel'eva T. A. Análise estrutural de sistemas de gestão // State Advisor. - 2015. - №1. - c.40-44

261. Tsvetkov V.Ya. Desenvolvimento de tecnologias de gestão// Conselheiro de Estado. - 2015. - №4. - c5-10.

262. O'Donnell S., Kunz G. Gestão: Sistema e Análise Situacional das Decisões de Gestão. - M.:: Progress, 1981, 495 p

263. Kovalenkov, N.I. Gestão situacional na esfera do transporte ferroviário // Conselheiro de Estado. - 2015. - №2. - C42-46.

264. Levin B.A., Tsvetkov V.Ya. Modelos de objeto e situacionais na gestão de transportes // Ciência e Tecnologia dos Caminhos-de-Ferro. - 2017. - 2(2). - c.2-10.

265. Okhotnikov A. L., Situação lógica da informação // Ciência e tecnologia dos caminhos-de-ferro. - 2018. - 4(8). - c.23-32.

266. Wegener P.P., Dedoborshch V.G., Zaretsky K.A. et al. Fiabilidade e manutenção de AMTS com controlo de programa: Manual de referência - M.: Rádio e Comunicação, 1989.

267. Levin B.A., Tsvetkov V.Ya. Sistemas ciber-físicos na gestão dos transportes // Transport World. - 2018. T. 16. № 2 (75). - C. 138-145.

268. Kudzh S.A., Tsvetkov V.Y. Gestão centrada na rede e sistemas ciber-físicos // Recursos e tecnologias educativas - 2017. -2 (19). - c.86-92

269. Dzyuba, Yu.V.; Tsvetkov, V.Ya.; Kozlov, A.V. Cyber-physical systems in transport management // Automação, comunicação, informática. 2022. № 1. C. 10-12.

270. Deshko I.P., Kovalev S.N., Kryazhenkov K.G., Mordvinov V.A., Trifonov N.I., Tulinov S.V., Tsypkin V.N. Tecnologias de Informação e Comunicação / Tutorial / Instituto Estatal de Engenharia de Rádio, Eletrónica e Automação de Moscovo (Universidade Técnica) - M., 2005. - 147 c.

271. Tsvetkov V.Ya. Aplicação do princípio da subsidiariedade na economia da informação // Financial Business. -2012. - №6. - c.40-43

272. Rosenberg, I.N.; Tsvetkov, V.Ya. Critérios para a escolha da gestão subsidiária // Conselheiro de Estado. - 2017. - №1. - c.10-15.

273. Tsvetkov V.Y., Kozlov A.. V. Princípios de gestão subsidiária // Conselheiro de Estado. - 2018. - №4(24). - c.20-28

274. Loginova A.S. Avaliação da aplicabilidade da gestão subsidiária // Problemas actuais da ciência moderna - 2015. - № 3. - c. 297-301

275. Kozlov A.V. Sistemas e tecnologias subsidiárias. - Saarbruken. : Palmarium Academic Publishing, 2019. -125 c.

276. Muliukha V. A., Zaborovskiy V. S, Ilyashenko A.S., Lukashin A.. A. Método centrado na rede de organização da interação de informação de objectos ciber-físicos em ambiente de computação em nuvem // Robótica e Cibernética Técnica. -2014. - 3(4). - c.43-47.

277. Miller J. G. Sistemas vivos. The Basic Concepts , 1978. https://www.panarchy.org/miller/livingsystems.html dats view 12.01.2019.

278. Evin I. A. et al. Introdução à teoria das redes complexas // Computer Research and Modelling. - 2010. - T. 2. - №. 2. - C. 121-141.

279. Schennikov, A.N. Construções informativas de algoritmos // Fórum Eslavo. -2018. - 3(21). - c.54-60.

280. Voronin A. N. et al. Sistemas técnicos e ergonómicos complexos: métodos de investigação Kharkov: Fakt. - 1997

281. Berezin L.V. Teoria e conceção de sistemas de rádio. - Moscovo: Rádio Soviética, 1977 - 448 pp.

282. Tsvetkov V.Ya. Incerteza e certeza da informação nas ciências da informação // Tecnologias da informação. - 2015. - №1. -c.37.

283. Kulibanov Y. M. et al. Transport networks of Russia (system analysis, management, prospects). - São Petersburgo: Universidade Estatal de Comunicações sobre a Água de São Petersburgo", 1999.- 147 pp.

284. Kholodov Ya. A. et al. Modelação dos fluxos de transporte - problemas actuais e perspectivas da sua solução // TRUDY MIPT. - 2010. - T. 2. - №. 4. - C. 152

285. Egunov, M. M.; Shuvalov, V. P. Análise da fiabilidade estrutural da rede de transportes // Vestnik SibGUTI. - 2012. - №. 1. - C. 54-60.

286. Buravtsev A. V. O caminho de ferro digital como um sistema organizacional e técnico complexo // Ciência e tecnologia dos caminhos-de-ferro. V. O caminho de ferro digital como um sistema organizacional e técnico complexo // Ciência e tecnologia dos caminhos-de-ferro. - 2018. - 1(5). - c.69-79.

287. Zhang D. Y. et al. Investigação sobre o sistema de salvaguarda para a exploração digital de comboios ferroviários //ZhongguoTiedaoKexue. - 2006. - V. 27. - №. 6. - p.91-94.

288. Levin B.A., Tsvetkov V.Ya. Caminho de ferro digital: princípios e tecnologias // World of Transport. - 2018. - T. 16. - №3 (76). - c. 50-61/

289. V. Ya. Tsvetkov, S.V. Shaytura, K.V. Ordov. Gestão digital ferroviária // Avanços na investigação em economia, negócios e gestão, volume 105. 1ª Conferência Internacional Científica e Prática sobre Economia Digital (ISCDE 2019), p. 181- 185/

290. Firsov A. H. Otimização com base em dados estatísticos do sistema distribuído assíncrono resistente a falhas arbitrárias //Parallel Computing Technologies (PaWT'2009): Actas da Conferência Científica Internacional (Nizhny Novgorod, 30 de março-3 de abril de 2009) /Chelyabinsk: Izd. SUSU. - 2009. - C. 765-771.

291. Э. Tanenbaum, M. van Steen. Sistemas Distribuídos. Princípios e Paradigmas - SPb.: Peter, 2003. - 877c.

292. Tsvetkov V.Ya. Designing data structures and databases - M.: Universidade Estatal de Geodesia e Cartografia de Moscovo, 1997. - 90 c

293. Shokin Yu. I. et al. Sistema distribuído de informação-analítica para pesquisa, processamento e análise de dados espaciais (em russo) // Tecnologias de computação. - 2007. - T. 12. - №. S3.

294. Shvetsov A. N., Yakovlev S. A. Sistemas de Informação Inteligentes Distribuídos. - SPb.: Izd-vo SPbGETU "LETI", 2003.

295. Irikov V. A., Trenev V. N. Sistemas distribuídos de tomada de decisão. N. Sistemas distribuídos de tomada de decisão. - M. : Nauka, 1999.

296. Zamyshlyaev A.M. Automatização dos processos de gestão complexa da manutenção técnica das infra-estruturas de transporte ferroviário / Dr. Sci. (em russo): 05.22.06: - M.MGUPS, 2013. Moscovo. - 147 c.

297. Sugimori Y. et al. Sistema de produção Toyota e sistema kanban materialização do sistema just-in-time e respect-for-human //The International Journal of Production Research. - 1977. - T. 15. - №. 6. - C. 553-564.

298. Rosenberg I. H., Tsvetkov V. Ya. Gestão distribuída nos transportes // Ciência e tecnologia dos caminhos-de-ferro. - 2018. - 3(7). - c.3-16.

299. Koryachko V.P., Perepelkin D.A. Análise e projeto de rotas de transmissão de dados em redes empresariais. - M.: Goryachaya Liniya - Telecom, 2012 - 236 pp.

300. Dyshlenko S. G. Análise situacional na rede de transportes // Ciência e tecnologia dos caminhos-de-ferro. - 2018. - 1(5). - c.26-33.

301. Dijkstra E.W. Uma nota sobre dois problemas relacionados com grafos // Numerischemathematik. - 1959. - V. 1. - № 1. - p. 269-271.

302. Rozenberg I.N. Tsvetkov V.Ya. Sistemas de coordenadas em geoinformática - MGUPS, 2009 -67s.

303. Brown, Eric (13 de setembro de 2016). "Quem precisa da Internet das Coisas?". Linux.com.

304. União Internacional das Telecomunicações, Overview of the Internet of things, Recomendação ITU-T Y.2060, junho de 2012.

305. A Internet das coisas. Modo de acesso: https://www.cisco.com/web/offer/emear/38586/images/Presentations/P11.pdf (acedido em 06.03.2023).

306. Tsvetkov V. Ya. Informatização: criação de tecnologias de informação modernas. Parte 1. Estruturas de dados e meios técnicos - M.: GKST, VSTCentre, 1990 - 118 p.

307. Magrassi, P. (2 de maio de 2002). "Porque é que uma infraestrutura RFID universal seria uma coisa boa". Relatório de investigação da Gartner G00106518.

308. Magrassi, P.; Berg, T (12 de agosto de 2002). "Um mundo de objectos inteligentes". Relatório de investigação Gartner R-17-2243.

309. Ersue, M.; Romascanu, D.; Schoenwaelder, J.; Sehgal, A. (4 de julho de 2014). "Gerenciamento de redes com dispositivos restritos: casos de uso". Projeto de Internet da IETF.

310. Swan, Melanie (8 de novembro de 2012). "Sensor Mania! A Internet das Coisas, Computação Vestível, Métricas Objectivas e o Eu Quantificado 2.0". Redes de sensores e actuadores. 1 (3): 217-253. doi:10.3390/jsan1030217/

311. Kozlov A.B.. Delimitabilidade no domínio da informação // Fórum Eslavo. - 2018. - 3(21). - c.8-13.

yes
I want morebooks!

Buy your books fast and straightforward online - at one of world's fastest growing online book stores! Environmentally sound due to Print-on-Demand technologies.

Buy your books online at
www.morebooks.shop

Compre os seus livros mais rápido e diretamente na internet, em uma das livrarias on-line com o maior crescimento no mundo! Produção que protege o meio ambiente através das tecnologias de impressão sob demanda.

Compre os seus livros on-line em
www.morebooks.shop

info@omniscriptum.com
www.omniscriptum.com

Printed by Books on Demand GmbH, Norderstedt / Germany